노동인권 수업을 시작합니다

노동인권수업을 시작합니다

1판 1쇄 발행 2020년 5월 1일
1판 2쇄 발행 2020년 6월 15일

지은이	양설 · 최혜연 · 김현진 · 장윤호 · 주예진
펴낸이	한기호
책임편집	오선이
편집	여문주
본부장	연용호
마케팅	윤수연
경영지원	김윤아
디자인	양선애
인쇄	예림인쇄
펴낸곳	(주)학교도서관저널
출판등록	제2009-000231호(2009년 10월 15일)
주소	121-839 서울시 마포구 동교로 12안길 14(서교동) 삼성빌딩 A동 3층
전화	02-322-9677
팩스	02-322-9678
전자우편	slj9677@gmail.com
홈페이지	www.slj.co.kr

ISBN 978-89-6915-070-7 03370

책값은 뒤표지에 있습니다.

이 도서의 국립중앙도서관 출판예정도서목록(CIP)은 서지정보유통지원시스템 홈페이지(http://seoji.nl.go.kr)와
국가자료종합목록 구축시스템(http://kolis-net.nl.go.kr)에서 이용하실 수 있습니다. (CIP제어번호 : CIP2020013334)

노동인권 수업을 시작합니다

양설 · 최혜연 · 김현진 · 장윤호 · 주예진 지음

학교도서관저널

머리말

전태일 50주기를 기념하기 위한 책 출간을 제안받았을 때 여러 가지 생각이 스쳤습니다. 벌써 50년이 되었구나, 하는 놀라움과 함께 그를 오래도록 기억하기 위해 사람들이 분주히 움직이고 좋은 기획을 추진하는 것이 무엇보다 반가웠습니다. 한편에선 이렇게 중요하고 의미 있는 일을 내가 맡아도 될까, 노동교육 사례가 충분히 축적되어 있는 학교 현장이 별로 없을 텐데 책으로 엮을 정도가 될까, 하는 부담과 걱정도 들었습니다.

저는 초등학생일 때 당시 대학생이었던 이모가 선물한 산하 어린이 시리즈 『전태일』을 읽고 전태일을 처음 알았습니다. 어쩌면 이모도 "내게 대학생 친구가 한 명만 있었으면……." 하는 전태일의 글에 가슴이 아팠던 사람 중 하나였는지 모릅니다. 시간이 흘러 노동자이자 교사로 정신없이 살아온 지난날을 돌아보니 저 역시 그의 친구 노릇을 제대로 하지 못했습니다. 이 책은 전태일에 대한 미안한 마음을 조금이나마 갚고자 쓰게 되었습니다.

그동안 학계와 교육계에서 노동교육을 중요한 의제로 다룬 적이 있었나? 기억을 더듬어 보았지만 찾지 못했습니다. 산재 사고 등 큰 이슈가 터지면 공론장에 잠깐 떠올랐다가 곧 사라졌습니다. 정보의 공유 속도가 빠른 요즘 세대는 악플보다 무플을 더 무서워한다고 합니다. 그런데 노동교육에 대해서는 악플이든 무플이든 달 수 있는 기회 자체가 없었던 듯합니다.

그래서 교사들은 노동교육의 필요성과 의미를 스스로에게 설명하기 위해 많은 시간을 보내야 했습니다. '노동교육을 해서는 안 돼!'라는 뚜렷한 외부의 억압이 있어서라기보다, '노동교육을 왜 해야 하지?'라는 내면의 질문에 우선 답을 찾아야 했기 때문입니다. 책을 쓴 다섯 명의 교사는 이 질문에 대해 저마다 생각하는 답과 그 답을 얻기까지의 과정을 글에 담았습니다. 그리고 현장에서 느끼고 생각한 바에 따라 조금씩 변화를 주며 실천한 수업의 생생한 모습도 담았습니다.

「책읽기와 사회참여수업으로 배우는 노동인권」에서는 책 읽기 프로젝트와 동아리 활동에서 노동과 관련한 소재를 활용한 수업을 소개합니다. 사회참여 프로젝트를 통해 전태일의 정신이 오늘날 참여하는 시민들의 삶 속에서 이어지고 있음을 확인했습니다.

「예비 노동자의 권리와 노동인권 감수성」에서는 반짝이는 아이디어를 현장에 알맞게 녹이는 유연함과 학생들과의 활발한 상호작용을 볼 수 있습니다. 노동교육을 쉽고 재밌게 느끼도록 하면서도 인지적 측면과 정서적 측면을 균형감 있게 다룬 점이 흥미롭습니다.

「우리 사회는 노동자를 어떻게 바라볼까?」에서는 노동에 대한 부정적인 인식이 잘 변하지 않는 까닭을 고민하고 사회 구조와 언론 환경을 짚어 보는 수업을 했습니다. 학생들이 전태일의 삶을 배우는 데 멈추지 않고 자신과 주변의 노동 환경도 돌아볼 수 있는 사람이 되기를 바라는 마음을 느낄 수 있습니다.

「특성화고 노동인권수업 도전기」에서는 특성화고등학교 아이들과 동아리 활동의 일부로 노동인권교육 프로그램을 함께 했습니다. 수업 참여에 소극적인 아이들을 어르고 달래며 고군분투하는 모습이 입에는 쓰지만 몸에는 좋은 약을 먹이려는 부모의 얼굴과 겹칩니다.

「삶으로 스며드는 노동인권수업」에서는 '동화책과 고등학생의 만남'이라는 의외성을 통해 감수성을 일깨우는 수업에서 시작하여 아르바이트를 하는 학생들에게 도움이 될 수 있는 수업으로 이어갔습니다. '마지막 한 명의 아이'가 수업 시간에 눈빛을 빛내는 순간을 보는 것, 아마 모든 교사의 공통된 바람일 것입니다.

다섯 명의 교사는 노동교육을 전국에서 가장 잘하거나 뭔가 특별한 면이 있어 글을 쓴 것이 아닙니다. 여느 교사들과 마찬가지로 어떻게든 잘해 보려고 하다가 누군가의 매몰찬 한마디에 상처받기도 하고 기대 이상의 호응에 의욕이 마구 솟구치기도 했습니다. 세상이 좀처럼 달라지지 않는다고 실망했다가 이 정도면 많이 좋아졌다며 용기를 얻었습니다. 이렇게 평범한 교사들이 일상적인 수업 이야기를 세상에 꺼내 놓은 까닭은 수업을 통해 우리 안의 전태일을 만났기 때문입니다.

아르바이트 임금을 받지 못한 아이의 손을 잡고 사장에게 따지러 가는 교사, 잠든 아이를 깨우다 욕을 먹고도 다시 노동인권교육을 하는 교사, 매섭게 추운 날씨에 노동 환경을 조사하겠다며 인터뷰를 다니는 아이들, 산업재해가 친구의 일이 될 수 있음을 자각한 아이, 뽐내는 리더가 아니라 자신을 먼저 내어 주는 리더가 되겠다는 아이에게서 전태일의 얼굴을 볼 수 있었습니다.

어디선가 또 다른 노동자 태일이, 교사 태일이 이 이야기에 공감하고 노동교육에 동참해 줄 것을 기대합니다. 질문과 반론, 책 속의 활동지와 교육 자료에 대한 요청이 쏟아지기를 설레는 마음으로 기다리겠습니다.

- 다섯 명의 저자를 대표하여,
양설

차례

머리말   4

전태일의 삶과 정신 – 인간의 존엄을 향한 영원한 불꽃   10

책읽기와 사회참여수업으로 배우는 노동인권
    책을 읽고 공유하는 노동인권수업   21
    사회참여수업으로 이해하는 전태일   35
    직접 보고 느끼는 전태일기념관   50

예비 노동자의 권리와 노동인권 감수성
    카드게임으로 시작하는 노동인권수업   63
    시를 통해 기르는 노동인권 감수성   77

우리 사회는 노동자를 어떻게 바라볼까?
    우리 사회의 노동 인식   91
    미디어 속 노동과 프레임   102
    과거에서 현재로 이어지는 전태일   116

특성화고 노동인권수업 도전기

- 학교 속으로 들어온 노동인권교육   **125**
- 아르바이트생도 노동자일까?   **131**
- 한 달 동안 필요한 최저생계비   **146**
- 노동조합은 나의 힘!   **154**
- 사회는 노동자를 어떻게 대하고 있나?   **160**
- 사람이 먼저다, 노동자도 사람이다   **168**

삶으로 스며드는 노동인권수업

- 그림책으로 높이는 노동인권 감수성   **179**
- 노동인권문제를 함께 풀어가는 수업   **191**
- 학생들의 삶에서 시작하는 노동인권수업   **201**

전태일의 삶과 정신
– 인간의 존엄을 향한 영원한 불꽃

전태일재단 사무국장 박미경

전태일은 의무교육의 혜택을 누리지 못했습니다. 그의 수기에는 행간마다 학교에 다니고 싶다는 갈망이 절절하게 배어 있었지요. 그런데 자신은 다녀 본 적이 없는 중학교와 고등학교에서 훗날 '전태일 수업'을 할 거라고 상상이나 해 보았을까요? 많은 선생님들 덕분에 오늘날 학생들은 교실에서 전태일을 만나고 있습니다.

스물두 살 청년 전태일의 외침

과연 전태일은 어떤 사람이었을까요? 『전태일 평전』을 수십 번도 넘게 펼쳐 보고, 전태일재단에서 일하며 전태일의 동료들로부터 수많은 이야기를 들었지만, 아직도 저는 이 물음에 쉽게 답할 자신이 없습니다. 전태일의 삶과 정신이 시대를 넘어 절실하게 와닿는 까닭을 여전히 찾고 있습니다. 그럼에도 불구하고 전태일재단에서 일하고 있기 때문에 전태일에 대해 간략하게 알려 주어야 한다면 제 가슴속에 새긴 전태일을 적어 보겠습니다.

전태일은 1948년 9월 28일 경상북도 대구에서 아버지 전상수와 어머니 이소선의 맏아들로 태어났습니다. 전태일의 어린 시절은 가난을 빼고 얘기할 수 없습니다. 옷 만드는 기술자였던 전태일의 아버지는 연이은 사업 실패로 정상적인 생활이 어려웠습니다. 엎친 데 덮친 격으로, 원래부터 몸이 약했던 어머니마저 쓰러졌습니다. 소년 가장이 된 전태일은 초등학교 4학년을 중퇴하고 날품을 팔며 밑바닥 생활을 했습니다.

아버지가 옷 만드는 일로 다시 집안을 일으켜 보려고 했으나 여의치 않았습니다. 전태일은 여동생을 업고 돈 벌러 서울로 간 어머니를 찾아 나섰습니다. 하지만 어디를 가야 넓디넓은 서울에서 어머니를 만날 수 있을까요? 그에게는 배고프다고 울며 보채는 어린 동생을 지킬 힘이 없었습니다. 동생을 시청 미아보호소에 맡기고 돌아서며 남들이 평생 흘릴 눈물을 쏟은 전태일. 그는 가마니를 덮고 자며 구두닦이, 신문팔이, 껌팔이, 손수레 뒤밀이 등 살기 위해서 죽을힘을 다해 일했습니다. 그러다가 만난 곳이 바로 동대문 평화시장이었습니다.

'시다'로 출발한 전태일은 '미싱보조'를 거쳐, 1년도 안 되어 미싱사가 되었습니다. 천성이 부지런한 데다, 아버지 밑에서 익힌 기술 덕분이었습니다. 월급도 7천 원으로 오르고 어머니도 만났습니다. 식당일을 하던 어머니와 함께 셋방을 얻어 동생도 찾아왔고, 아버지도 서울로 올라왔습니다.

오랜만에 가족이 다시 모였습니다. 악착같이 돈을 모으면 10년 쯤 뒤에는 작은 공장이라도 차릴 법하겠는데, 전태일의 얼굴에는 점점 그늘이 드리워졌습니다. 그 이유는 다름 아닌 어린 '여공'들 때문이었습니다. 허리도 펴지 못하는 다락방, 침침한 형광등 아래에서, 점심도 건너뛰고 마음 편히 화장실도 못 가며, 동트기 전 출근해서 별 보며 퇴근해야 했던 어린 소녀들.

전태일은 잘 나가던 미싱사를 그만두고, 재단보조로 취직했습니다. 재단사가 되기 위해서였지요. 재단사는 공장에서 2인자의 위치였습니다. 사장도 함부로 대하지 못했기에 재단사가 되면 어린 '여공'들을 도와줄 수 있을 거라 여겼던 겁니다. 1967년 2월, 열아홉 살의 전태일은 바라던 재단사가 되었습니다.

한미사에서 재단사로 있을 당시 전태일은 언제나 시다로 일하는 어린 여공들을 챙겼습니다. 되도록 잔심부름을 시키지 않았고 시다들이 해야 할 일까지 도맡아 해서 늘 남들보다 3배는 더 많은 일을 했습니다. 출근할 때 차비 30원과 점심 도시락으로 밀가루 개떡을 싸 오지만 도시락을 쌀 형편이 못 되는 시다들에게 밀가루 개떡을 나눠 주고 자신은 물로 배를 채웠습니다.

전태일은 점심을 굶는 '시다'들을 위해 차비를 털어 풀빵을 사 주고는, 야심한 밤 퇴근길에 동대문에서 당시 가족의 판잣집이 있던 도봉산까지 두세 시간을 걸어갔습니다. 하지만 이런 전태일의 노력은 햇볕 한줌 들어오지 않는 비참한 환경에서 하루 14시간씩

일요일도 쉬지 않고 한 달 내내 일하는 어린 여공들의 근본적인 문제를 해결해 주지는 못했습니다. 폐병에 걸려 쓰러져도 회사에서 쫓겨날까 봐 아프다고 말을 못하는 여공들을 도와주다가 전태일 자신이 사장들의 눈 밖에 나 회사를 그만둬야 하는 지경에 이르렀습니다.

하지만 어린 여공을 돕겠다는 그의 다짐은 무너지지 않습니다. 전태일은 보다 근본적인 문제 해결에 눈을 뜨게 됐습니다. 노동자의 기본적인 권리를 정한 근로기준법이 있다는 것을 알게 되었던 것이지요. 한자투성이의 근로기준법을 밤을 새워 공부하고 '바보회'라는 재단사 모임을 만들어 평화시장 노동환경 실태조사도 했습니다. 그 결과를 분석하고 정리해서 근로기준법에 적혀 있는 근로감독을 요구하기 위해 노동청에 진정서를 제출했으나 법과 정부는 노동자의 편이 아니었습니다.

전태일은 근로기준법을 제대로 지키면서도 돈을 벌 수 있는 모범공장 운영을 구상한 적이 있습니다. 몽상에 그친 게 아니라 사업의 목적부터 사업의 운영방법, 홍보계획 등 구체적인 사업계획을 대학노트 27장에 작성했습니다. 하지만 자금을 구하는 데 어려움을 겪어 실제 진행할 수는 없었지요.

노동자의 권리를 찾겠다는 전태일의 의지는 꺾이지 않았습니다. 전태일은 '삼동회'라는 새 조직을 꾸렸습니다. 평화시장의 노동조건 개선을 위해 진정과 호소만이 아니라 노동자가 함께 행동하려고 했습니다. 평화시장 노동환경 실태조사를 대대적으로 벌였고, 끈질긴 노력으로 '골방서 하루 16시간 노동'이라는 제목의 평화시장 기사가 『경향신문』 사회면 톱기사로 실렸습니다.

전태일과 삼동회 회원들은 평화시장의 노동조건을 더 널리 알리기 위해 국정감사 기간에 맞춰 시위를 계획했습니다. 그동안 외면하던 근로감독관이 평화시장으로 찾아와 시간을 끌며 회유했지만 굴하지 않았습니다. 전태일과 삼동회 회원들은 11월 13일, 시위를 감행했습니다. 하지만 경찰의 제지로 시위가 무산될 위기에 놓이자 전태일은 분신으로 항거했습니다.

> 전태일에게는 참으로 바라는 것이 있었다. 그것은 인간의 나라였다. 약한 자도, 강한 자도, 가난한 자도, 부유한 자도, 귀한 자도, 천한 자도, 모든 구별이 없는 평등한 인간들의 '서로간의 사랑'이라는 참된 기쁨을 맛보며 살아가는 세상, '덩어리가 없기 때문에 부스러기가 존재할 수 없는' 사회, '서로가 다 용해되어 있는 상태', 그것을 그는 바랐다. 부유하고 강한 자들의 횡포 아래 탐욕과 이해관계로 얽힌 '불합리한 사회현실'의 덩어리 – 인간을 물질화하는 '부한 환경' – '생존경쟁이라는 이름의 없어도 될 악마'의 야만적인 질서, 그것이 분해되기를 그는 바랐다. 평화시장의 어린 동심들이 그 잔혹한 채찍으로부터 구출되기를 그는 너무나도 절절하게 바랐다.
>
> – 『전태일평전』 중에서

『전태일평전』은 40여 년 전인 1976년에 쓰였습니다. 이 책에 적혀 있는, 지금 청소년들은 상상도 하지 못할 비참한 장면들이 당시 우리 사회의 자화상이었습니다. 하지만 오늘날 청소년들이 그때보다 더 나은 환경에 놓여 있다고 말할 수 없습니다. 국민소득 3만 달러의 그늘, 성장은 우리 사회를 구원하지 못했습니다. 그래서 청소년들이 전태일을 만나야 하는 것입니다.

우리 모두가 알고 있듯이, 마지막 숨을 토해 내던 순간까지 불덩이가 된 전태일은 이렇게 외쳤습니다.

"우리는 기계가 아니다!"

만 스물두 살 젊은이가 스스로 자신의 몸에 불을 붙이며 이루려 했던 것은 '빵'이 아니라 바로 '인간의 존엄'이었습니다.

청소년들이 처음 만나는 전태일

전태일재단이 청소년들에게 전태일을 알리는 기회를 갖게 된 것은 선생님들의 힘이 컸습니다. 2001년 발족한 전태일기념사업회를 알음알음 알던 선생님들이 학생들을 이끌고 방문하면서 전태일 노동인권교육이 사실상 시작됐습니다. 『전태일평전』을 읽은 독서동아리나 봉사활동 등을 구실로 청소년들과 선생님들이 1년에 20팀 정도 방문했습니다.

청소년들에게 전태일이 과거의 인물이 아니라 가까운 사람으로 느낄 수 있도록 평화시장과 전태일의 마지막 장소를 탐방하는 체험 위주의 프로그램이 자연스럽게 만들어졌지요.

2018년에는 서울시교육청이 공모한 노동인권 체험교육 사업을 전태일재단이 맡게 되었습니다. 그해 30학급 812명으로 시작해, 노동인권교육 경험이 많은 강사들을 모시고, 해설사들을 모집하고, 학생들이 지루해하지 않도록 교안을 수십 차례 수정하고 보완했습니다. 현장수업은 안전 확보가 우선이므로, 해설사 전원이 대한적십자사의 응급처치 일반과정을 이수하기도 했습니다.

전태일 노동인권 체험교육은 외우는 수업이 아닙니다. 평화시장, 전태일동상, 전태일기념관, 전태일재단……. 학생들은 전태일의 발자취를 찾아다니면서 그의 흔적을 발견합니다. 전태일의 동료와 노동운동·시민운동 출신 해설사들이 당시의 시대 상황에 대해 열심히 설명을 하는 건 보조 역할에 불과합니다. 학생들은 체험교육을 통해서 자신이 느낀 만큼 감정이입을 하게 될 것이며, 그 연장선에서 전태일을 만나게 될 것입니다.

학생들의 반응은 걱정했던 것과는 달랐습니다. 흘러간 옛날이야기로 받아들이지 않고, 전태일의 삶과 정신에 놀라움과 감동을 느꼈습니다.

"노동자라고 하면 특정한 이미지가 떠오르는데, 우리 모두 대부분이 노동자라는 것을 알게 되었고, 전태일의 행동들을 보며 뭉클했습니다……."

수업에 참여한 한 학생이 남긴 글입니다. 이 글을 보며 전태일이 우리에게 물려준 유산이 얼마나 위대한지 다시금 깨달았습니다. 노동의 긍지와 인간의 존엄을 향한 영원한 불꽃, 전태일, 내일의 주인공인 청소년들과 전태일을 이어 주신 선생님들께 다시 한 번 감사드립니다.

책읽기와
사회참여수업으로
배우는
노동인권

사회 교과 수업이 아이들의 삶과 만나는 지점 중 하나가 '노동'이라고 생각하던 중 노동과 사회문제를 연결한 독서수업 사례를 보고 내가 가르치는 학년의 수준에 맞게 변형하여 노동인권 독서수업을 진행했다. 노동인권과 관련된 책을 읽고 설명 자료를 만든 후 설명 자료를 공유하는 '노동인권 도서 설명회 프로젝트'였다. 또한 수년간 사회참여 프로젝트를 이어 오면서 사회참여활동이 전태일의 정신을 이어 가는 핵심적인 수단이 될 수 있음을 알게 되었다. 전태일재단과 함께 진행한 수업 이후 동아리 활동으로 연결하여 동아리 아이들과 전태일기념관에 견학을 다녀오기도 했다. 노동인권수업의 의미와 현장감을 더할 수 있는 계기가 되었다.

— 초월고등학교 교사 **양설**

* 노동인권수업은 석천중학교에서 진행된 내용임.

책을 읽고 공유하는 노동인권수업

도입 삶과 연결되는 수업을 꿈꾸다

중학교 1학년을 담당하게 되었을 때 교육과정을 살펴보며 스스로에게 물었다.

'이 내용이 아이들에게 꼭 필요할까? 의미가 있을까?'

열심히 가르치는 만큼 나의 가르침이 아이들이 살아가는 데 보탬이 되기를 바랐다. 지혜롭게 말하고 행동하는 사람, 주위 사람도 돌아보고 살필 줄 아는 사람이 되는 방향으로 말이다.

2013년 경기도교육청이 주관한 『더불어 사는 민주시민』 교과서(중학교)의 노동 단원을 작업하고 난 후 '그걸로는 부족하다'는 의견이 모여 다음 해 여러 선생님들과 함께 「일하는 사람의 권리와 책임」이라는 노동인권교육 교수학습집을 만들게 되었다. 자료집을 만들다 보니 꼭 다뤄야 할 내용, 중요한 내용이 너무나 많았다. 끝이 보이지 않는 작업에 나는 그만 두 손 두 발 다 들고 포기하고 말았지만 끝까지 작업을 완수한 선생님들의 노고 덕분에 몇

달 후 350쪽이 넘는 방대한 분량의 자료집이 발간되었다. 노동 착취 수준의 작업 끝에 만들어진 노동인권수업 자료집이었지만 교육청 차원에서 노동인권교육에 관심을 갖고 있다는 신호로 느껴져 가능성을 보았다.

이후 2018년 경기도교육청에서 발간한 또 다른 자료집 「교육과정 연계 독서수업 사례집」에서 노동과 사회문제를 연결한 독서수업 사례를 보게 되었다. 여러 수업 사례를 보고 두 가지 점에서 큰 깨달음을 얻었다.

첫째는 나도 모르게 갖고 있던 '이런 책은 안 된다'는 마음속의 경계가 허물어지고 '이렇게 읽힐 수도 있구나' 하는 생각이었다. 둘째는 어려움이 예상되는 주제이지만 용기 내어 수업하는 선생님이 어딘가에 있다는 반가움과 고마움이었다. 그래서 노동인권교육에 대해 너무 심각하고 무겁게 생각하기보다 가능한 것부터 한 걸음 떼어야겠다고 다짐했다.

책 속에 담겨 있는 평범한 사람들의 이야기는 내가 가르치고 있는 사회 교과를 더 잘 이해할 수 있게 해 준다. 건조하고 딱딱한 설명으로 채워진 교과서에선 잘 보이지 않는 '사람'의 문제와, 문제의 본질보다 이슈거리만 찾는 뉴스의 뒤편에 놓인 '삶'을 깊이 이해할 수 있도록 돕기 때문이다. 그래서 교과서가 아닌 여러 책을 이용해서 새로운 방식의 노동인권수업을 진행해 보기로 했다.

| 수업 열기 | 노동인권을 다룬 여러 장르의 책 고르기

청소년은 자신이 학교를 졸업하고 사회에 나가면 노동자가 될 거란 사실을 인식하고 있을까? 아직 먼 이야기라고, 나와는 관련 없는 이야기라고 생각하는 경우가 대부분이지 않을까? 하지만 2년간 '노동인권 도서 설명회 프로젝트'를 진행하면서 알게 된 것은 이 또한 나의 고정관념과 편견이었다는 사실이다.

아이들은 대형마트 노동자의 처우나 자동차 생산직의 파업, 오토바이 배달 노동에 대해 아는 것을 좋아했다. 자신과 더 밀접한 문제라고 인식했다. 그래서 노동인권수업 전에 어떤 특별한 설명이나 동기부여 단계는 필요하지 않았다. 그저 어느 날 책 수레에 10종의 책을 싣고 교실에 들어갔다. 아이들은 "우리 이제 책 읽어요?"라며 호기심을 보였고 만화책도 있다며 기뻐했다.

수업 진행 방식은 모둠별로 다른 책을 선정하여 읽고 연구한 다음 다른 모둠에게 자기 모둠의 책을 설명하는 식이었다. 마음에 드는 책을 고르기 위해 먼저 '책 훑어보기'를 했다. 표지 살펴보기, 저자 이력 읽기, 서문 읽기, 아무 페이지나 펼쳐서 읽기 등 짧은 시간 동안 책을 살펴보는 방법에 대해 이야기를 나누었다. 그리고 모둠별로 4분씩 책을 읽은 다음 알람이 울리면 옆 모둠으로 전달했다.

비록 4~5분에 불과하지만 아이들은 판단이 빨랐다. 책을 펼치

자마자 책 속에 푹 빠지는 아이들도 있었는데, 유독 반응이 좋았던 책은 『까대기』라는 만화책이었다. 읽는 속도나 다른 모둠과의 형평을 고려해 『까대기』는 다른 만화책 『내가 살던 용산』과 함께 묶어 읽도록 했다.

그 외에 『의자놀이』, 『시골 빵집에서 자본론을 굽다』, 『4천원 인생』, 『현시창』처럼 전년도 3학년 수업에서 반응이 좋았던 책과 2019년 1학년의 읽기 수준을 고려하여 『우리가 몰랐던 노동 이야기』, 『아동 노동』, 『십 대 밑바닥 노동』, 『선량한 차별주의자』를 선정하여 도서별로 5권씩 준비했다. 5권씩 준비한 까닭은 대체로 4인 모둠이지만 간혹 5인 모둠인 경우도 있고 책의 분실과 훼손에 대비하기 위해서였다.

책 훑어보기가 끝나면 '우리 모둠이 읽고 싶은 책 best 3'를 선정하고, 모둠간에 희망 도서가 겹치면 가위바위보로 정했다. 마지막 남은 모둠도 선택의 기쁨을 느낄 수 있도록 책은 모둠의 수보다 1~2종을 더 준비했다. 8모둠이라면 10종의 책을 준비하는 식이다.

읽을 책을 정하면 두 시간 동안 책을 읽었다. 모둠원끼리 의논하여 분량을 나누어 읽고, 읽은 내용을 서로에게 설명했다. 자신이 설명한 내용과 들은 내용은 개별 활동지에 작성하도록 했는데 책 읽기에 참여하지 않는 학생은 거의 없었다. 그 이유는 직접 고른 책이라 애정을 가진 까닭도 있고, 협동하지 않으면 활동지 작

『까대기』 이종철 지음

6년간 택배 상하차 아르바이트를 한 작가 자신의 경험을 담은 만화책이다. 택배 한 상자가 우리에게 오기까지 거치는 과정을 들여다보고 당연하게 여겼던 일상을 지탱해 주는 노동자의 역할과 소중함을 알게 한다.

『내가 살던 용산』 김성희 지음

용산 참사 1주기를 맞이하여 철거민과 유가족의 이야기를 취재하여 그린 만화책이다. 우리 주변에서 볼 수 있을 법한 평범한 자영업자이자 이웃인 그들이 어려움 앞에서도 포기하지 않고 끝까지 연대했던 모습에서 슬픔과 희망을 느낄 수 있다.

『의자놀이』 공지영 지음

2009년 쌍용자동차 해고 발표 이후 노동자들의 파업과 이후 벌어진 여러 비극적인 일에 대해 다룬 르포르타주이다. 기업의 해고와 노동자의 파업이라는 강한 충돌이 있을 때 국가와 시민이 나서서 어떠한 역할을 해야 하는지 성찰하게 한다.

『시골 빵집에서 자본론을 굽다』 와타나베 이타루 글 | 정문주 옮김

이윤의 극대화만을 추구하는 삶에서 벗어나 양심껏 일하면서도 여유 있는 삶이 가능한지 실험에 나선 빵집 사장의 경험담이다. 자본주의의 모순과 극복 방안을 토의할 수 있는 좋은 사례를 제공한다.

『4천원 인생』 안수찬 · 전종휘 · 임인택 · 임지선 지음

시사주간지 기자들이 한 달간 빈곤 노동 현장에 위장 취업하여 경험한 이야기를 솔직하게 풀어낸 책이다. 열심히 일해도 가난할 수밖에 없는 사회 구조와 현실을 이해하고 극복방안을 모색하는 데 도움을 준다.

『현시창』 임지선 지음

사회부 기자가 그간 보도된 사건들을 다시 짚어 보고 이면의 이야기까지 취재하여 쓴 책이다. 자극적으로 소비되고 금세 잊히는 신문 기사만으로는 알 수 없었던 청년 세대의 고통과 어려움을 깊이 있게 이해할 수 있다.

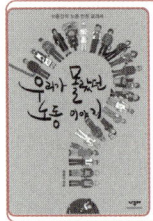

『우리가 몰랐던 노동 이야기』 하종강 지음

노동과 노동자에 대한 부정적인 인식을 말끔히 바꾸어 주는 책이다. 노동의 의미와 희망을 전하는 노동인권 이야기가 담겨 있다. 노동의 가치를 공정하게 평가하고 인정할 때 우리 사회가 어떻게 새로워질 것인지 함께 전망해 볼 수 있다.

『아동 노동』 공윤희·윤예림 글 | 윤봉선 그림

방글라데시의 옷 공장, 우즈베키스탄의 목화 농장, 인도네시아의 팜 농장 등에서 벌어지는 아동 노동의 실태를 설명하는 책이다. 아동 노동문제를 해결하기 위한 시민의 역할과 참여 방법도 알 수 있다.

『십 대 밑바닥 노동』 이수정·윤지영·배경내·림보·김성호·권혁태 지음

불안정하고 위험한 여건에서 일하고 있는 우리 사회 청소년 노동자들의 목소리를 담은 책이다. 같은 노동자 안에서도 나이와 성별 위계로 다시금 차별받는 청소년 노동자의 처지를 알고 해결 방안을 모색할 수 있다.

『선량한 차별주의자』 김지혜 지음

생활 속에서 사소하고 일상적으로 이루어지는 차별과 혐오의 순간을 포착하고 그것이 왜 차별인지 설명하는 책이다. 특별히 나쁜 의도를 갖고 있지 않아도 차별적인 언행을 반복할 수 있다는 점을 성찰하게 한다.

성에 문제가 생기는 구조 때문이기도 했다. 게다가 독자를 끌어들이는 책이 지닌 힘도 무시할 수 없을 것이다. 이 시간 동안 학생도 교사도 모두 조용히 책을 읽으며 평화로운 시간을 보냈다.

한번은 올더스 헉슬리의 『멋진 신세계』라는 SF소설을 선정해서 나누어 읽기를 진행한 적이 있었는데, 소설이나 서사가 이어지는 책은 나누어 읽기를 하면 오히려 혼란을 줄 수 있다는 것을 경험을 통해 깨달았다. 나누어 읽기를 할 때는 독립된 에피소드가 병렬적으로 묶인 책을 고르는 것이 좋다. 나누어 읽기가 끝나면 모둠별로 책에 대해 토의하는 시간을 가졌다.

- 이 책을 통해 지은이는 우리가 사는 사회, 삶, 생활 등에 대해 어떤 점을 말하고 싶어 하는가?
- 일상생활 중에 이 책과 비슷한 일을 겪거나 비슷한 느낌을 받은 적이 있는가?
- 주변에서 그런 사람을 본 적이 있는가?
- 이 책은 나에게 어떤 의미를 주는가?

이러한 주제로 토의가 끝나면 토의 결과를 나름대로 정리하여 자신만의 독서 감상문을 적는 것으로 활동지 작성을 마무리했다.

> 수업 활동 키워드 헥사 기법과 도서 설명회

책을 읽고 활동지 작성이 끝나면 모둠별로 도서 설명회 자료를 만들었다. 도서 설명회 자료를 만들 때에는 책의 키워드를 뽑아 활용하는 '키워드 헥사' 기법(KDI click 경제교육, 박현희, 「키워드 헥사로 책 읽기」, 2015. 6. 2 참고)을 활용했다. 키워드 헥사를 활용하면 자료 제작 시간이 많이 걸리지 않고, 모둠원이 모두 참여할 수 있다는 장점이 있다.

먼저 본인이 읽은 부분에서 가장 인상적인 단어(keyword)를 육각형(hexa) 종이에 한 사람당 5개씩 적도록 했다. 교사는 이때 '중요한 단어'가 아니라 '인상적인 단어'라는 것을 강조하는 것이 좋다. '중요한 단어'라고 하면 정답을 써야 한다고 생각하여 추상적인 단어만 쓰거나 책을 다시 뒤적이며 선뜻 적지 못하는 경우가 있기 때문이다. 하지만 '인상적인 단어'는 본인에게 의미 있었던 단어, 기억에 남는 단어, 마음에 와 닿았던 단어를 뜻하므로 누구나 편하게 적을 수 있다.

모둠원이 돌아가며 키워드를 가운데 하나씩 놓고 다른 모둠원에게 의미를 설명했다. 설명이 끝나면 B4 크기의 종이 한가운데 책의 제목을 쓴 키워드를 붙이고 마인드맵과 비슷한 방식으로 나머지 키워드를 연결하여 붙였다. 동일한 키워드는 가운데로 모으고 독특한 키워드는 바깥쪽에 배치할 수도 있다. 키워드 헥사를 붙이

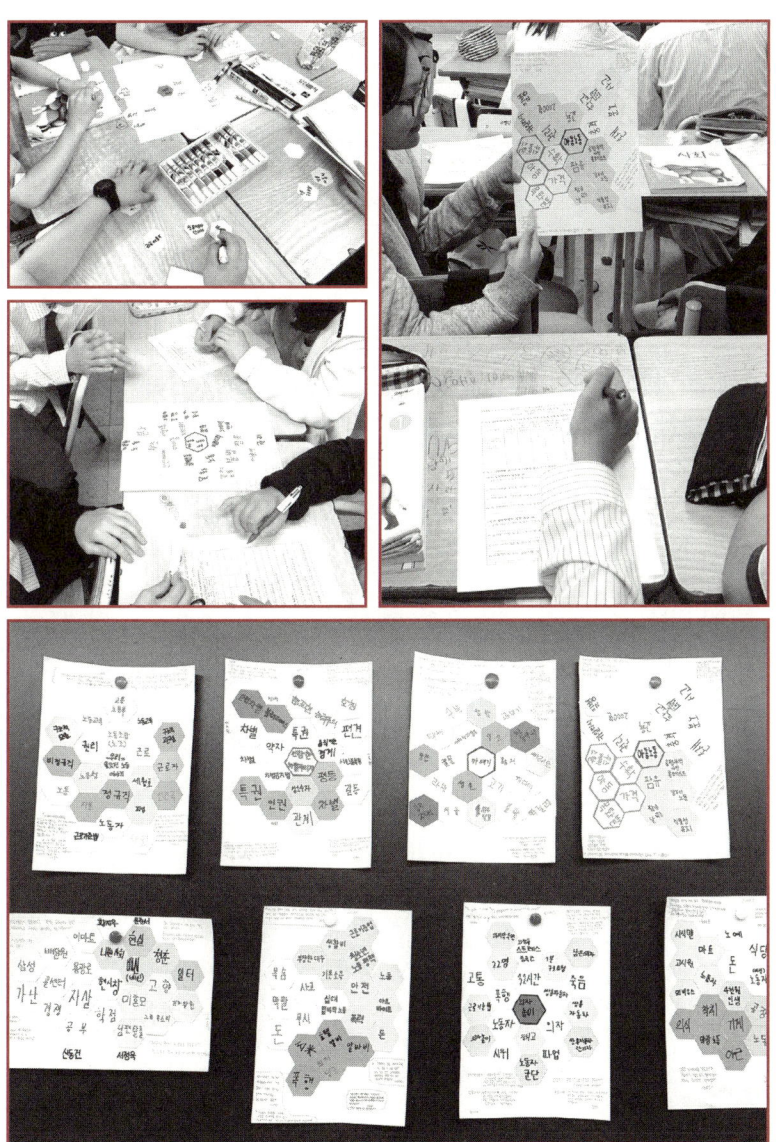

▲ 키워드 헥사 기법을 활용하여 만든 설명자료. 1차시 안에 설명자료의 완성이 가능하고 결과물의 수준에서도 모둠별 차이가 크지 않아 유용하다.

고 남은 여백에는 각자 인상 깊은 구절과 한줄평을 적도록 했다.

한 예로 『의자놀이』를 읽은 모둠의 설명 자료에는 '파업', '해고', '외상 후 스트레스 증후군', '22명', '거짓 언론' 같은 키워드가 채워졌다. 한줄평으로는 "재미있어 보이는 제목과 달리, 읽어 보니 매우 심각한 내용이었고 이렇게 큰 사건을 내가 모르고 있었다는 것이 미안했다.", "해고를 당한 노동자의 심정과 사회의 잔혹함을 알게 되었다.", "앞으로 제2, 제3의 의자놀이가 생기는 것을 경고하는 책이다."라는 내용이 있었다. 1학년에겐 내용이 다소 어려울 수 있는 책이고 여러 가지 슬픈 상황이 담겨 있는데도 나름의 방법으로 이해하고 아픔에 공감하는 모습이었다.

마지막으로 '도서 설명회'를 개최했다. '2가고 2남기' 방법으로 다른 모둠원이 오면 설명 자료를 활용해 자기 모둠의 책을 소개했다. 말하는 사람뿐만 아니라 듣는 사람의 적극적인 태도를 유도하기 위해 3분간 설명을 들은 다음 2분의 질의응답과 평가서 작성 시간을 주었다. 설명회 중간에 남는 사람과 가는 사람을 교체해 설명하기와 듣기를 모두 경험하게 했다. 눈앞에서 평가서를 작성하자 설명하는 사람은 더욱 열성적이 되고 듣는 사람도 최대한 날카로운 질문을 하고자 눈빛을 빛냈다.

"이 책(까대기)은 한 만화가 지망생이 지방에서 서울에 올라와 택배 상하차 아르바이트를 하면서 겪은 일을 그린 만화인데요, 키워드 중에 '파손 주의'는 택배 상자에 파손 주의라고 쓰여 있지만 그걸 다루는 택배 노동자들의 마음과 몸 역시 파손을 주의해야 한다는 거고요……."

이런 식으로 설명 자료를 통해 설명을 하면 듣는 학생이 질문을 한다.

"그럼 여기 '수수료 700원'이랑 '동백나무'는 무슨 뜻이에요?"

설명 자료 덕분에 책을 소개하는 사람은 설명을 손쉽게 이어 갈 수 있으며, 읽지 않은 사람도 설명 자료를 보고 책에 대한 호기심을 느낀다는 것을 확인할 수 있었다.

수업 후기 ✎ 노동자에 대한 인식이 달라지다

도서 설명회 프로젝트 전체 과정에서 아이들이 보인 반응은 예상보다 훨씬 훌륭했다. 책의 일부 내용이 아이들에게 너무 충격적으로 느껴지진 않을까, 혹은 노동자를 '불쌍하고 힘없는 사람'이나 '자본과 권력에 당하기만 하는 사람'으로 인식하지 않을까 걱정했다. 하지만 아이들은 실제 이야기가 가진 힘에 공감했고, 자신의 이야기로 받아들이며 마음 아파했다. "쌍용자동차 노동자들은 지금 어떻게 됐어요? 복직했어요?", "용산에 살던 분들은 지금 어디서 살고 있어요?" 같은 질문이 돌아왔다. 삶의 진실을 담은 이야기가 아이들의 성숙한 생각을 이끌어 내는 듯했다.

『십 대 밑바닥 노동』을 읽은 모둠은 도서 설명회에서 우리나라 기초생활수급제도의 문제점을 설명하면서 "소득이 생긴 만큼 지원금을 못 받게 되는 제도의 허점 때문에 열심히 일을 해도 형편이 나아지지 않는다. 열심히 일해도 가난하게 만드는 제도는 부당하다고 생각한다."며 열변을 토했다. 활동 소감문에 "내가 만약 지금 알바를 한다면 이 책의 청소년들이 겪은 것처럼 많은 차별을 당하겠구나 싶고, 나이가 어리다는 이유로 어른과 다른 대우를 받는 게 억울하게 느껴졌다.", "청소년이 어른인 척 신분을 위장하면 대우가 나아진다는 이야기를 읽고 우리 사회의 차별과 인권 침해가 정말 심각하다는 걸 알게 되었다."라고 적어 청소년 노동인권의 현실을 정확히 이해하고 있음을 알았다.

"전혀 모르면 막을 수 없지만 현실을 알면 그때부터는 나쁜 일을 막거나 현실을 바꿀 수 있다. 그래서 (책을 읽고 현실을) 알게 되었다는 점이 좋았다."라며 아는 것에서 멈추지 않고 실천으로 옮기겠다는 생각을 표현하는 아이도 있었다.

『우리가 몰랐던 노동 이야기』를 읽은 모둠은 "예전에는 뉴스에 관심이 없었는데 책을 읽은 후 달라졌다. 뉴스에 톨게이트 노동자들이 파업하는 모습이 나와 관심 있게 보았다."며 노동조합의 필요성을 열심히 설명했다. 활동 소감문엔 "나도 노동법을 잘 알고 싶다. 그래서 부당하게 대우하면 내 주장을 말하고 싶다."고 적거나 "학교에서 노동에 대해 꼭 가르쳐야 한다고 생각하게 되었다. 우리의 권리가 무엇인지도 잘 모르고 졸업하면 안 되기 때문이다.", "나도 나중에 알바를 하게 되면 미리 지식, 법, 산재나 실업보험 등에 대해 잘 알아두었다가 호구가 안 되어야겠다."는 실용적인 다짐(?)을 하는 아이도 있었다.

『4천원 인생』을 읽은 모둠은 책 속에 등장하는 어느 여성 노동자의 이야기를 사회 시간에 배운 '역할 갈등' 개념을 활용해 설명했다. "엄마로서 가족도 돌봐야 하고, 식당 노동자로서 일도 해야 하는 이분은 심각한 역할 갈등으로 인해 힘겨운 상황에 처해 있다."며 배운 내용을 새로운 사례에 적용하는 놀라운 능력도 보여 주었다. "여태까지 가난은 개인이 노력을 안 해서라고 생각했는데 이제는 꼭 그렇지는 않다는 걸 알게 되었다.", "사회 구조가 잘못되어 있으면 나쁜 의도를 갖고 있지 않아도 개인이 피해를 입을 수밖에 없다는 걸 알았다. 특히 비정규직에 대한 제도가 그런 것 같다."며 사회문제를 구조적 관점에서 바라보는 아이도 있었다.

무엇보다 '노동인권 도서 설명회 프로젝트' 전체를 관통하여 얻은 가장 중요한 성과는 노동자에 대한 인식의 변화였다.

"예전에는 아무 생각 없이 지나쳤지만 늦은 밤 나보다 2~3살 많아 보이는 언니, 오빠들이 졸린 표정으로 편의점에서 카운터를 지키는 모습이 예사롭게 보이지 않았다. 10대 노동자를 아니꼽게 보는 사람들, 만만하게 여기고 조롱하는 사람들의 인식이 바뀌어 이들을 이해하고 공감해 주는 날이 오기를 바란다."

"어머니가 택배 기사님께 수고하신다며 음료수를 드리는 것을 본 적이 있는데 이 책을 읽고 나서 그 까닭을 알게 되었다. 택배 상자 하나가 우리 집에 오기까지 얼마나 많은 사람들이 힘들게 일하는지 알게 되었고 사회에서 어떤 대접을 받는지도 알게 되었다. 우리나라의 노동자에 대한 인식이 상당히 잘못되어 있고, 그에 따른 문제가 우리 사회 곳곳에 있다는 것을 느끼게 되었다."

"흥미로웠던 것은 우리 모두 노동자라는 것이었다. 교사, 전문직 등도 노동자이다. 이 사실을 알게 되니 노동자가 새롭게 보였다. 평소에 노동자를 조금 좋지 않게 생각했는데 이 책을 보니 노동자가 대단하고 꼭 필요한 존재라는 것을 알게 되었다. 우리 사회는 노동자가 없으면 돌아가지 않는다."

'노동인권 도서 설명회 프로젝트'를 진행하기 전까지만 해도 이 수업이 어려울 것이며 아이들도 어렵게 받아들일 것이라고 생각했다. 하지만 "우리 같이 책 읽어 볼까?" 하며 친근하게 다가갔더니 아이들은 생각보다 훨씬 쉽게, 그리고 깊이, 이해하고 공감하는 모습을 보였다. 책을 읽고 서로의 생각을 공유하며 노동인권이 '사회문제' 혹은 '타인의 일'이 아니라 자기 자신이나 부모님의 일일 수도 있다고 생각했고 약자를 짓밟는 무자비한 권력과 제도에 함께 분노했다. 교사가 작은 물꼬를 터 주기만 해도 아이들은 스스로 길을 만들고 달려간다는 것을 이 프로젝트 수업을 통해 배웠다.

사회참여수업으로 이해하는 **전태일**

> **도입** 침묵하지 않는 시민이 되기 위해

사회참여수업은 모둠별로 사회문제를 한 가지씩 선정해 자세히 조사하고 해결 방안을 찾아 직접 해결해 보는 활동 수업이다. '길고양이를 보호해야 한다', '성차별을 하지 않아야 한다', '불법 현수막을 철거해야 한다', '지하철 엘리베이터는 노약자에게 양보해야 한다' 등 학생 시민의 매서운 눈에 포착된 사회문제가 쏟아진다. 사회문제는 문헌 조사, 설문 조사, 면담 조사 등을 거쳐 낱낱이 분석되고 캠페인 활동, 서명 운동, 민원 제출, 청원 제출, 의사결정권자와의 직접 만남 등을 통해 해결된다.

물론 눈에 보이는 결과가 즉각 나타나는 경우는 드물다. 2019년에는 인근 초등학교 앞 공원의 가로등이 밝아진 게 유일하다. 하지만 1~2년 후 아이들이 요구했던 대로 학교 앞에 신호등이 하나 더 생기거나 지하철역 사거리에 시각장애인 음향신호기가 설치되는 것을 보면 흐뭇한 마음이 든다.

이 활동의 진짜 목적은 시민의 변화이다. 그런 점에선 수업 성공률을 99%로 볼 수도 있다. 사회참여수업을 통해 피상적이고 불완전했던 존재로 취급받던 어린이, 청소년, 학생은 구체적이고 완전한 사회의 시민이 된다. 그리고 학생이 시민으로서 당당하게 나서는 것을 본 어른 시민들도 한결 더 의젓한 시민이 된다. 사회문제를 해결해 본 사람, 아니 해결하기 위해 다양한 수단을 구사해 본 사람은 더 이상 과거와 같이 '침묵하고 있는 사람'으로는 살 수 없다. 그들의 눈에는 사회문제와 해결 방법이 훤히 보이기 때문이다.

물론 시민으로 업그레이드되는 과정이 그리 순탄치는 않다. 그래서 2학기 후반에 할 사회참여수업을 위해 1학기에 다양한 방법으로 기초 체력을 다져 두었다. 교과 내용과 관련 있는 사례를 조사하고 정리해서 발표하는 연습도 하고 대부분의 수업을 모둠 협력식으로 구성했다. 자기 성찰 노트를 쓰면서 메타인지능력을 키우는 연습도 했다. 공동체성 형성에 도움이 되는 놀이와 게임도 자주 했다. 물론 사회 시간에 하는 수업만으로 준비가 끝나는 것은 아니다. 다른 교과에서 배우고 익힌 것도 모두 도움이 된다. 그리고 각 모둠원들은 각자가 가진 능력을 최대로 발휘해야 하고 그 모든 능력은 서로 어우러져야 한다.

예를 들어 사회참여계획서를 잘 작성하려면 인과관계를 찾아내는 분석적 사고를 할 수 있어야 한다. 평소 수학과 과학을 좋아하는 아이는 재미를 느끼면서 활약할 수 있을 것이다. 그리고 설문조사, 서명 운동, 캠페인 활동을 하려면 아무에게나 말을 잘 걸고 붙임성 있게 부탁할 줄 알아야 한다. 평소 인간관계가 넓고 목소리가 크고 부끄러움을 잘 타지 않는 아이가 활약할 기회이다. 민원, 탄원, 청원 글을 쓰려면 글을 논리정연하게 쓸 줄 알아야 한다. 캠페인 도구를 하나 만들더라도 눈에 쏙쏙 들어오게 하려면 표현력이 좋아야 한다. 자료를 보기 좋게 정리하고 자신감 있게 발표할 줄도 알아야 한다. 그리고 모둠원 모두가 다투지 않고 자신의 능력에 맞게 역할을 분담해 가는 조정 능력과 서로 돕는 협업 능력이 있어야 한다. 합의하는 과정에 많은 시간이 걸리더라도 짜증내지 않고 인내심 있게 의논하는 태도도 필요하다. 그동안 지켜본 바로 아이들에겐 모두 이러한 능력이 있다.

> **수업 활동** 놀라운 결과를 보여 주는 사회참여활동

사회참여수업을 진행하기 전에 중학교 사회①의 9단원과 10단원을 먼저 배워야 한다. 해당 단원에는 민주주의의 이념, 시민의 역할, 정치의 의미, 지방자치제도의 필요성 등이 나온다. 특히 지방자치제도를 알아야 사회참여활동 시 민원 제출처를 구분할 수 있기 때문에 잘 알려 주어야 한다.

  기본적인 교과 내용을 배운 다음에는 선배들의 사회참여활동

사례를 보여 주면서 매년 2학기에 사회참여활동을 하는 것이 '우리 학교의 전통'이라고 정당성을 부여했다. 자신들이 늘 지나다니는 길의 시각장애인 음향신호기 상태를 전수 조사하고 왕복 10차선 도로에 신호기를 새로 설치한 사람이 자신들의 선배라는 것을 알게 되었을 때, 과거에 낡은 육교 위에서 목청껏 문제점을 꼬집는 선배의 영상을 볼 때면 아이들의 눈빛이 빛난다. 사례에 등장하는 내용이 실제 우리 동네의 모습, 평소 생각했던 문제점이기 때문에 신기하게 여기면서도 '나도 할 수 있구나'라고 생각하는 것이다. 게다가 다른 학교 중학생의 활동이나 자신보다 어린 초등학생의 사회참여활동 사례를 보여 주면 '나도 해 보고 싶다'는 마음으로 나아간다.

이처럼 기본적인 동기 부여를 한 후에 사회참여활동의 전체 과정과 상세한 진행 방법을 안내했다. 일일이 말로 설명하는 것보다 책을 활용하는 편이 좋다. 총 4차시에 걸쳐 책 『아름다운 참여』를 읽고 활동지를 작성했다. 아동·청소년의 사회참여활동 사례 알고 내 생각 더하기, 사회참여활동 분야 및 주제 훑어보기, 활동 단계별 진행 방법과 주의사항 알아보기, 사회참여계획서 작성 연습하기의 순서이다.

모든 안내가 끝나면 모둠을 편성해야 한다. 사회참여활동의 성패는 모둠 편성이 40%, 사회참여계획서 작성이 40%, 리더의 역량이 20% 정도의 비율로 작용한다. 모둠 편성만 잘 해도 서로 다른 모둠을 보면서 더욱 잘하려고 하는 분위기가 조성된다. 초기에는 자발성을 최대한으로 끌어내기 위해 '소외되는 사람이 없도록 한다'는 약속을 받은 후 원하는 사람끼리 모둠을 편성하게 했다. 그러다 보니 모둠간 역량 차이가 너무 크게 벌어지는 문제가 있었다. 그래서 모둠편성위원회를 운영해 보았다.

존 롤스의 '무지의 베일'을 활용한 방법으로, 각 반의 모둠편성위원회가 자신들을 제외한 상태로 최대한 공정하게 모둠을 편성한 후 각 위원은 추첨으로 자신이 들어갈 모둠을 정했다. 위원들에게 편성 권한은 있지만 정작 자신은 어느 모둠에 들어가게 될지 모르기 때문에 편차를 최소화하는 방향으로 모둠을 편성해야 한다.

학급당 인원이 대체로 32명이라 4인 모둠이 자연스러웠다. 4인 모둠 편성을 완료한 후에 다시 희망 모둠에 한해 2개 모둠까지 연합할 수 있도록 해서 최대 8인까지 허용했다. 4인 모둠은 의사결정이 빠르고 만날 약속을 잡기도 쉽지만 대신 일손이 부족할 수 있다. 8인 모둠은 의사결정이 느린 대신 역할 분담만 잘 되면 개인 과제의 양이 확실히 줄어든다. 장단점을 설명하고 8인 모두 동의한 경우에만 연합할 수 있다는 규칙을 알려 주었다. 이렇게 해 보니 결과적으로 모둠 편성 후 불만이 거의 없었고, 모둠에 기여하지 못하는 친구가 한두 명 있어도 별다른 불평 없이 모든 모둠이 과제를 완성했다.

모둠 편성이 끝나면 모둠별로 활동 주제를 정하고 사회참여계획서를 작성했다. 여러 해 지켜보니 반복되는 주제나 활동 패턴이 있어 이제는 계획서만 보아도 술술 풀릴 모둠, 역경이 예상되는 모둠이 보인다. 하지만 아이들에게 '이런 것을 하라'는 조언은 하지 않고 아이들이 스스로 의논해 가도록 했다. 어떤 주제든 본인들이 절실하게 문제로 인식해야 동력을 잃지 않고 끝까지 마무리할 수 있기 때문이다. 물론 상당히 좋은 주제를 선정했지만 뒤로 갈수록 흐지부지되는 경우도 있다. 너무 식상한 주제이거나 해결하기 어려울 거라고 생각했던 주제를 택한 모둠이 끈질기게 물고 늘어져 놀라운 결과를 끌어내는 경우도 있었다.

쓰레기 무단투기, 담배꽁초와 간접흡연 문제, 가로등 문제, 무단주차 문제 등은 그동안 너무 많이 다루어진 주제여서 심드렁한 기분이지만, 아이들이 자신들의 문제로 생각하고 진정성 있게 활동하면 많은 사람들이 공감하고 지지하는 주제가 될 수도 있다. 학교나 가정에서 항상 질서를 지키라고 배웠는데 공원에서 자신이 먹은 것을 제대로 치우지 않고 가는 어른들은 왜 이렇게 많은지, 한 건물 안에 학원과 유흥시설이 뒤섞여 있어 학원 안까지 담배 연기가 들어오는데 왜 자신들을 보호해 주는 법은 없는지, 무단주차한 차 때문에 시야가 가려져 건널목의 보행자가 다칠 수 있는데 왜 주차 단속은 이루어지지 않는지 등 그동안 마음속에 담아 두었던 '어른들의 세상'에 대한 불만이 사회참여계획서 속에 빼곡히 적힌다.

2019년에는 '청소년 선거권 연령 낮추자', '편안한 교복으로 바꾸자', '두발 복장 규정 완화하자'와 같이 자신과 직접 연관된 문제를 주제로 선정하는 모둠이 늘었다. 당사자성이 강화되는 추세인 듯하다. 평소 수업시간에 '청소년은 사회적 약자인가?'와 같은 주제로 이야기를 많이 나눈 것이 영향을 주었을지도 모른다. 스스로의 약자성을 인지하고 이를 개선하기 위해 힘과 능력을 키우는 것이 사회참여활동의 의미이기도 하므로 계획서를 보완해 주며 격려했다. 학교의 관련 부서에도 '아이들이 이런저런 제안을 들고 찾아갈 수 있다'고 미리 알려 두었다.

　계획서 작성과 교사의 피드백이 끝나면 이제 계획한 바를 실천에 옮기는 일만 남았다. 거의 2차시에 걸친 끝장 토론(?) 끝에 작성한 계획서와 역할 분담이기 때문에 나중에 자기 몫에 대해 불평하거나 참여를 하지 않는 모둠원은 거의 없다. 다만 막상 부딪혀 보니 부득이하게 주제를 바꾸거나 활동 방법을 바꿔야 하는 일이 생길 수는 있다. 그래서 계획을 수정한 까닭만 논리적으로 설명할 수 있다면 얼마든지 수정해도 좋다고 했다.

　'노동자의 노동조건 개선하기'를 주제로 활동한 모둠이 있었는데 흘러가는 과정과 결과가 재미있었다. 아이들은 먼저 부천 시내의 대형 쇼핑몰과 동네 편의점, 카페 등을 다니면서 일터의 환경이나 조건이 어떤지 노동자를 인터뷰했다. 그런데 인터뷰를 하다 보니 사장님이 함께 있는 경우 직원에게만 묻기가 멋쩍기도 하고 때론 사장님 혼자 가게 운영을 하는 경우도 있어 자연스럽게 '노동자와 자영업자'로 조사 대상이 넓어졌다. 의외로 인터뷰에 선뜻 응해 주시는 분들 덕에 일하는 사람들의 고충과 어려움, 최저임금에 대한 의견을 다양하게 들을 수 있었다고 한다.

어느 편의점 직원은 술에 취해 시비를 거는 손님 때문에 일하기 힘들다고 했고 어떤 사장님은 자신의 영업장이 난방을 아무리 세게 틀어도 따뜻해지지가 않는 이유가 분양가를 낮추기 위해 부실 시공했기 때문이라고 했다. 아이들은 '노동자의 노동조건'을 조사하다가 자영업자의 어려움이나 상가 건물 건축의 문제까지 알게 되었다.

방대한 조사 활동으로 인해 정작 문제 해결을 위한 활동은 거의 하지 못했지만 추운 날씨에 여러 가게를 다니며 이야기를 들은 경험만으로도 배운 바가 충분히 많은 듯했다. 사회참여활동을 하다 보면 한 가지 주제에 집중해 파고들어도 반드시 옆으로 연결된 많은 가지를 만나게 된다. 서로가 서로에게 연결되어 있는 진짜 사회를 접하는 것이다.

나라 전체와 관련된 문제를 해결하기 위해서는 국회의원에게 법 개정을 요구하는 편지를 쓰거나 국민청원 게시판에 글쓰기, 혹은 국민신문고를 이용할 수 있다고 안내했다. 그런데도 대부분이 청와대 국민청원 게시판을 선택했다. '동의합니다'를 적기 위해 종종 들어가 본 곳이라 친근감이 든다고 했다.

지역 관련 문제를 선정한 모둠의 경우 대부분 시청에 민원 제출을 한다. 대부분의 민원 관리 담당자들은 대체로 친절하게 답변을 준다. 물론 민원인이 바라는 대로 되지 않는 경우가 더 많지만, 안 되면 안 되는 이유라도 알려 주기 때문에 답변 내용은 그 자체로 좋은 교육 소재가 된다.

그런데 한번은 다소 이상한 답변을 받았다. 답변 요지는 '교차로 꼬리 물기 단속은 경찰서에 요구해야지 왜 시청에 민원을 넣느냐'는 것이고, '보아하니 학생들이 숙제로 이런 민원을 내는 것 같은데 그러면 안 된다'는 것이었다. 민원 글을 쓴 학생이 이러한 답변 내용을 보여 주며 내 의견을 묻기에 이렇게 말해 주었다.

"민원 내용이 자신들의 소관이 아니면 해당 부서나 기관에 이송해 주면 되는데 왜 민원인을 타박하는 듯한 답변을 적었는지 궁금하구나. 너도 그 점이 궁금하면 그분께 다시 물어봐도 좋아. 그리고 숙제가 아닌데 숙제라고 생각하신 점도 의아하지만, 만일 정말 숙제 때문이었다 하더라도 그게 '그러면 안 되는 이유'가 될 수 있을까? 네 생각은 어때?"

그 학생은 "어른들에겐 어떤 민원에도 답변을 잘 해 주면서 우리는 학생이라고 무시하는 것 같다."고 말했다. 나는 마음속으로 아이의 생각에 동의했다. 어른들도 때로는 경찰서에 낼 민원을 시청에 하는 실수를 하고, 자기 나름의 동기와 각양각색의 이유 때문에 여러 요구를 한다. 민원인이 중학생이라는 이유로 나무라듯

사례명	어떤 활동을 어떻게 했나요? (내용요약하기)	내가 느낀 점, 배운 점, 다르게 생각한 점은 무엇인가요?
1. 어린이의 사회참여 활동 (25~28쪽)	·국립중앙박물관에 도시락 먹는 장소를 마련해달라고 포스터를 만들어 국립중앙박물관과 신문사에 편지를 보냄. ·동네의 위험한 곳을 구청에 알려주어 안전한 곳으로 바뀜	국립중앙박물관 뿐만 아니라 우리나라의 모든 박물관에 청소년·어린이를 위한 시설이 많이 마련되었으면 좋겠다. 뭔가 불편한 것이 있으면 구청에 건의를 해야겠다.
학교를 바꾼 00 명의 사회참여 활동 (29~34쪽)	·학교에 탈의실을 만들자고 하고, 동아리 대표가 교사 회의에 직접 참여함. ·'신나고실'을 만들고 교지, 신문 등에 참여하여 알림.	학생 스스로 한 공간을 만들었다는 것이 놀랍다. 탈의실이 없었다면 얼마나 불편했을까 생각이 들고, 우리 학교에도 '신나고실'이 있으면 좋겠다.
어떻게 하면 000과 함께 있을까요? (37쪽)	·철새들이 날아와 악취와 소음을 내어 전문가를 찾아가고 조사를 해서 "철새들의 서식지를 옮기자"라는 해결방안을 만듦	우리 동네에는 철새들이 날아오지는 않지만 비둘기나 참새가 너무 많다. 3-(1)의 사례처럼 피해가 되면 이 문제를 해결해야겠다.
노인도 00 수 있는 위해 (1쪽)	노인도 버스를 편안히 탈 수 있도록 높은 손잡이 대신 안전봉이 있고, 짐칸과 낮은 나선형 계단이 있는 '실버드림버스'를 만들어 지역주민 투표를 하고 국회에게 메일을 보냄	청소년인 나도 버스의 계단이 높았는데 노인들에게서는 얼마나 힘들었을까 라는 생각이 들고, 우리지역 포함 많은 지역의 대중교통이 노약자를 배려하는 것만들지면 좋겠다.
00 명이 길에서 (쪽)	지역의 일일교통 지도와 현장조사를 통해 네 가지 문제점을 알아내고, 이를 해결하기 위해 '일방통행제 실시'라는 방안을 마련해 학교와 시청에 건의함	'일방통행제 실시'라는 해결방안도 좋지만, 많은 사람이 대중교통을 이용하여 차량을 줄일 수 있게 조치를 취해도 됐지 않았을까?
0 도지	불법체류자의 아들인 00은 학교에 가야	TV에서 불법체류자의 들이 나와가

▲ 사회참여수업을 하고 있는 아이들의 모습과 활동지. 아이들은 사회참여활동을 통해 학교 안팎의 시민들과 끊임없이 소통하고 협력한다.

이 답답한 민원실에 아쉬운 마음이 들었다.

　이렇게 조사 활동으로 2주, 해결 활동으로 2주를 보낸 다음 아이들은 교실에서 최종 발표를 했다. 발표 후엔 청중 질문에도 답해야 한다. 설문조사를 어느 장소에서 어떤 방식으로 했는지, 신뢰할 만한 방법이었는지, 피켓 캠페인의 장소와 시간은 적절했는지, 페이스북에서 한 캠페인이 효과적이었다고 보는지, 서명 운동은 어디에서 진행했는지, 서명해 준 사람들의 반응은 어떠했는지 등 질문이 쏟아진다. 열심히 활동한 모둠은 발표 자료가 알차고 답변 모습에도 자신감이 있다. 다른 모둠에 대한 평가와 함께 자기 모둠과 자기 자신에 대한 평가서를 작성하는 것으로 활동을 마무리했다.

수업 후기 ╱ 변화를 이끄는 오늘날의 전태일

장유유서를 강조하며 웃어른 공경을 강조하는 유교문화권인 우리나라에서 어린이, 청소년은 자주 무시당한다. 어떤 어린이는 시끄럽다고 어른들의 공간에서 쫓겨나고 어떤 중학생은 다리가 아파 지하철 구석에 쪼그리고 앉았다가 질서 의식이 없다고 혼이 났다. 어른들에겐 늘 친절한 가게 점원도 청소년이 물어보면 귀찮은 듯 대답을 잘 안 해 준다고 한다.

다른 수업에서 아이가 쓴 독서 소감문에 이런 내용이 있었다.

'1층에서 엘리베이터를 기다리고 있는데 같이 있던 택배 기사님이 엘리베이터가 빨리 내려오지 않자 욕설을 했다. 그땐 왜 그런지 몰랐는데 책을 읽고 무척 바빠서 그랬다는 걸 알게 되었다.'

아이는 책을 통해 택배 기사님을 이해하게 되었다고 했지만 어른으로서 옳지 않은 모습이라고 생각한다. 함께 엘리베이터를 기다리는 사람이 청소년이 아니라 덩치 큰 남자나 나이 많은 어르신이었다면 그 자리에서 그렇게 욕설을 하지는 않았을 것이다.

1969년 12월 전태일은 근로감독관에게 진정서를 보냈다. "성장해 가는 여러분의 어린 자녀들은 하루 15시간의 고된 작업으로 경제 발전을 위한 생산 계통에서 밑거름이 되어 왔습니다. (중략) 기업주들은 어떠합니까? 아무리 많은 폭리를 취하고도 조그마한 양심의 가책을 느끼지 않습니다. 합법적이 아닌 생산공들의 피와 땀을 갈취합니다. 그런데 왜 현 사회는 그것을 알면서도 묵인하는지 저의 좁은 소견은 알지를 못합니다."라고 마음속 울분을 삭이고 최대한 정중한 어조로 토로했다.

다음 해엔 평화시장의 시다, 미싱사, 재단사 등을 상대로 노동 실태를 알아보기 위해 설문조사를 했다. '1개월에 며칠을 쉽니까?', '1개월에 며칠을 쉬기를 희망합니까?', '왜 주일마다 쉬지를 못하십니까?' 등 근로조건을 확인하기 위한 질문과 건강 상태에 대한 질문이었다. 응답자는 126명이었는데 그중 96명이 폐결핵 등 기관지 계통 질환을 갖고 있다고 답했다.

어린 시다들에게 풀빵을 사 먹이고 차비가 없어 집에 걸어가던 전태일의 모습, 근로기준법을 읽고 또 읽으며 왜 법이 있는데 지켜지지 않는지 답답해하다가 진정서를 쓰고 설문조사를 하고, 대통령에게 호소하는 편지를 보내던 전태일의 모습 위로 오늘날 사회참여활동을 하는 아이들의 모습이 겹쳐졌다.

무시와 차별을 당하면서도 계속 의견을 내고 나름대로 사회의 잘못을 꼬집으며 캠페인을 하는 청소년들이 바로 오늘날의 전태일이라고 생각한다. '담배 연기로 인해 불편함을 느꼈습니까?', '교복 착용으로 인해 불편함을 느꼈습니까?', '자전거 도로의 파손으로 불편함을 느꼈습니까?' 등의 설문조사로 그동안 말하지 못했던 불만을 표현하고 '무단횡단 하지 맙시다', '교차로 우회전 시 안전운전 합시다', '정지선 위반하지 맙시다'라고 쓴 팻말을 흔들며 캠페인을 할 때, 일부 어른 시민은 조금 부끄러움을 느낄 수 있겠지만 청소년 시민은 사회에 기여하는 자신의 모습이 자랑스러울 것이다.

자신을 자랑스럽게 여겨 본 경험이 있는 청소년이라면 긍정적인 에너지를 사회가 나아지는 방향으로 쓸 것이라고 생각한다. 아이들이 제출한 소감문을 읽을 때마다 정말 그런 생각이 든다.

"우리 학교의 규정을 알아보고 설문조사를 한 것과 면담을 한 것이 특히 재밌었다. 선생님들과 면담해 보면서 선생님들의 입장을 각각 들어볼 수 있어서 좋았다."

"초등학교 때부터 우리 사회의 문제점들을 바로잡는 일에 참여해 보고 싶었다. 그래서 대단히 기대하고 있었는데, 생각했던 것보다 사회를 바꾼다는 건 어렵고 책임이 막중한 일이었다. 그러나 이러한 일들을 우리가 함께 해냈기에 매우 뿌듯하고 기쁘다. 앞으로 다른 문제가 생기더라도 이런 사회참여활동 방식을 통해 문제들을 하나하나 해결해 나가고 싶다."

"법 제정을 제안하면서 사회를 더욱 안전하게 만들기 위해 많은 사람들이 고생하고 있다는 것을 알게 되었고 그분들이 존경스러워졌다."

"그동안 무심코 지나치던 불법주차에 대해 많이 알게 되었다. 시민들께 설문조사를 부탁드릴 땐 부끄럽고 선뜻 하기 꺼렸지만 하다 보니 시민들도 잘 참여해 주시고 친절히 대해 주셔서 재미있었다. 많은 시민들을 만나 의견을 들으며 사람들의 관점이 어떻게 다른지도 알게 되었다."

"사회문제를 해결하기 위해 두 발로 뛰어다니며 면담도 하고 궁금증을 해결하니 뿌듯하고 나도 드디어 이 사회의 진정한 일원이 된 것 같았다. 남이 해 주길 기다리지 않고 직접 문제를 해결하는 것이 얼마나 멋진 일인지 알게 되었다."

"서명운동을 하면서 사람들이 안 해 줄 줄 알았는데 생각보다 잘 해 주어서 놀랐다."

"처음엔 과연 우리가 할 수 있을까 확신이 없었고 불안했지만 모둠원과 함께 여러 활동을 막상 해 보니 생각보다 어렵지 않았던 것 같다. 또 설문조사와 인터뷰 모두 바쁘신데 많이 응해 주셔서 너무 감사하고 고마웠다. 우리가 느끼고 있는 사회의 문제점을 다른 사람들도 느끼고 있다는 것을 알게 된 점도 좋았다."

"청소년들은 정치적 판단 능력이 미숙하다는 생각이 들었는데 중요한 역사적 사건들이 많은 청소년들의 힘으로 이루어졌다는 사실을 알고 청소년들도 충분히 정치적 판단을 할 수 있다는 생각이 들었다. 그리고 사회에는 우리가 해결해 나가야 할 문제가 많이 있지만, 그동안 사회에 무관심하여 깨닫지 못했다. 활동이 다 끝났다고 생각하니 너무 아쉽고, 규칙 하나 바꾸는 게 이렇게 힘든 일이라는 것을 절실히 느꼈다."

진심이 담긴 아이들의 활동 소감을 보면 역시 선량한 대부분의 어른 시민들이 적극적으로 돕고 긍정적인 피드백을 준 듯하다. 아이들의 요청에 친절하게 답해 주고 수고를 아끼지 않았을 온 마을에 감사했다.

직접 보고 느끼는 전태일기념관

도입 노동과 노동자에 대해 알아보기

학생들의 학력 향상을 위해서 시에서 학교에 예산을 주었다. 하지만 예산의 상당액이 강사 수당으로 잡혀 있어서 교과 담당 교사는 예산을 받는 것을 꺼리게 된다. 강사 섭외와 관리, 수업 시간표 짜는 일이 만만치 않기 때문이다. 서로 거절하던 예산은 결국 추첨을 통해 사회과에 배당되었고 나는 기왕 이렇게 된 바엔 가장 사회과다운 수업을 보여 주리라 마음먹었다.

강사를 모실 수 있는 단체를 알아보다가 몇 단계의 소개를 거쳐 전태일재단과 연이 닿았다. 마침 재단 측에서도 학교와의 연계 수업을 계획 중이었다고 했다. 그리하여 다년간의 경력을 지닌 전태일재단 교육국의 해설사 선생님들이 학교로 방문하여 1학년과 3학년을 번갈아 가며 78시간의 강의를 진행해 주기로 했다.

전태일재단에서 진행한 수업은 각 반별로 총 3차시였다. 1차시는 노동, 노동인권, 노동자에 대해 생각해 보는 시간이었다. 운동

▲ 노동과 노동자에 대해 포스트잇에 써서 붙인 모습

화 한 켤레가 나에게 오기까지 어떤 노동자의 손을 거쳤는지 영상을 보고 주변에서 찾아볼 수 있는 노동과 노동자에 대한 강의 후 노동이 무엇이라고 생각하는지에 대한 발표(포스트잇에 써서 붙이기)로 마무리했다. "노동이란 지루하고 힘들고 어려운 일이다.", "노동자는 힘을 써서 일을 하는 사람이다.", "노동이란 일을 하고 제대로 된 값을 받지 못하는 것이다." 등의 부정적인 시각과 "노동은 나라를 위해 필요하다.", "노동은 물이다. 물이 우리 삶에 꼭 필요하듯 노동도 그렇다.", "노동은 고마운 것이다." 등의 긍정적인 시각도 있었다.

2차시는 전태일의 생애와 의미에 대한 강의였다. 한 시간 안에 모두 담을 수 없는 긴 이야기였지만 중요한 의미 위주로 최대한 잘 전달하려 고민하신 점이 느껴졌다. 뒤에서 지켜보며 '아이들이 잘 듣고 있는 걸까, 이해는 잘 할까' 걱정했지만 모든 배움이 그렇듯, 당시에는 알지 못해도 지나고 보면 모두 성장의 거름으로 쓰인다. 뒤에 자세히 이야기하겠지만 6개월 후 동아리 아이들과 전태일기념관에 견학을 갔을 때 이 수업이 아이들 마음속에 불씨처럼 남아 있었다는 것을 알게 되었다.

전태일재단 선생님을 매번 모실 수 있는 게 아니기 때문에, 만일 이 수업을 현장의 교사가 준비한다면 어떻게 하는 것이 좋을까 고민했다. 아마 전태일 평전부터 다시 읽어야 하고, 어떤 방식의 수업으로 구성하든 자료를 찾고 준비하는 데 시간이 꽤 많이 걸릴 듯하다. 그래서 전태일재단이 보유하고 있는 자료를 활용하되 약간의 변형을 주면 좋겠다는 생각이 들었다. 영상 시청이나 설명으로 수업을 시작하는 대신 전태일의 사진 몇 장, 당시의 사회상을 보여 주는 삽화, 전태일의 편지글이나 일기의 일부, 이소선 여사의 인터뷰 글 등 관련 자료를 5~6개 정도를 선별해 모둠에 주고 "이 사람은 어느 나라, 어느 시대에, 어떤 삶을 살았던 사람일까?"를 추리와 상상을 통해 활동지에 작성하는 방식으로 활동을 먼저 하는 것이다. 모둠별 발표를 듣고 추리 내용과 실제가 어떤 점에서 비슷하거나 다른지 중요한 부분 위주로 피드백 한 후, 교사의 설명으로 정리 및 마무리를 하는 수업을 구상해 보았다. 앞으로 꼭 시도해 볼 예정이다.

3차시는 모의 근로계약서를 작성하는 실습이었다. 모둠별 활동

▲ 모의 근로 계약서를 작성하는 모습

수업에 익숙해 있는 아이들이 이전 강의식 수업에 비해 활기를 띠며 참여하는 모습을 볼 수 있었다. 교육과정상 최저임금을 배우기 전이라 그런지 고용주 역할을 맡은 아이들은 "시급을 천 원 주겠다."며 갑질을 하거나 "시급을 백만 원 주겠다."며 터무니없이 허풍을 떠는데 정작 계약 상대인 아르바이트생은 주는 대로 받아야 하나 보다 싶은지 별다른 항변을 하지 않았다. 모의 협상인데도 목소리가 커지는 고용주와 말 없는 노동자의 엇갈린 입장이 보이는 아이러니한 상황이 연출되었다.

이렇게 세 번에 걸친 노동인권수업이 끝나고 아이들의 소감을 들어보았다. "전태일이라는 사람이 있었다는 걸 이번에 처음 알았다. 힘없는 사람들을 위해 자신을 희생했다는 점이 놀랍다.", "우리나라 경제 발전이 노동자 덕분이었다는 것을 알았다.", "노동자에 대한 편견과 부정적 시선을 바꿔야겠다고 느꼈다.", "근로계약서를 써 본 것이 유용했고 앞으로 큰 도움이 될 것 같다." 등 긍정적인 반응이 많았다. 특히 3차시에 했던 근로계약서 작성 실습이 좋았다는 의견이 많았다. 일반적인 학교생활과 교과 진도에서는 배우지 못했던 것들을 알고 깨달은 듯했다.

수업 활동 | 미래리더십반, 전태일기념관에 가다

'미래리더십반'은 내가 지도하는 교육과정 동아리로 1학년 아이들 18명으로 구성되어 있다. 리더십의 의미를 탐구하고 리더십을 키우기 위해 경기도의회에 견학을 가서 도의원을, 지방법원에 가서 판사를 직접 만나기도 하고 그레타 툰베리나 엠마 곤잘레스와 같은 청소년 리더에 대해 조사하고 발표도 했다.

2학기 견학 일정으로 전태일기념관에 가는 게 어떨지 물었더니 '견학은 무조건 다 좋다'며 찬성했다. 8일간 강의해 주었던 6명의 전태일재단 선생님들께 감사한 마음도 전할 겸 전태일 다리와 전태일기념관을 방문해야겠다는 생각을 실천에 옮긴 것이다.

일단 전태일재단 박미경 국장님에게 연락을 드렸다. 봄에 아이들을 직접 가르쳐 주기도 하셨고, 여름 교사연수 때도 뵌 적이 있어 어렵지 않게 부탁을 드릴 수 있었다. 담당 해설사 선생님도 학교에 오셨던 양미경 선생님으로 연결해 주었다. 아이들은 지하철 동대문역에서 기다리고 있던 낯익은 선생님을 다시 뵙고 무척 반가워했다.

선생님의 인솔에 따라 평화시장을 거쳐 전태일 다리로 가는 길에는 개인과 여러 단체의 기부로 만들어진 동판이 있었다. 동판에 새겨진 글을 읽으며 좁다란 보행로를 한 줄로 따라가다 보면 어느 순간 전태일 다리와 전태일 동상을 만난다. 배달 오토바이와 사람들이 쉴 새 없이 오가는 삶의 현장 가운데 놓인 회색빛의 동상은 큼지막한데도 주위 풍경과 이질감 없이 어울리고 친근했다. 동상이 있는 건 역사적으로 중요한 인물이라는 뜻일 텐데 광화문의 세종대왕이나 이순신 동상처럼 커다란 대로나 광장에 있지도 않고, 높은 곳에 있어 우러러봐야 하는 것도 아니었다.

해설사 선생님은 동상에 다리가 없는 이유, 어깨를 만질 수 있는 높이로 제작한 이유, 표면을 거칠거칠한 질감으로 표현한 이유, 동쪽을 바라보게 세워진 이유 등을 자세히 설명해 주었고 아이들은 한마디라도 놓칠세라 열심히 들었고 받아 적는 아이도 있었다.

동상을 보고 난 후엔 전태일 열사의 분신 장소도 확인했다. 설명을 듣지 않으면 찾기 어려울 정도로 작은 표식만 바닥에 남아 있었다. 아이들은 "그날의 그 장소에 와 있다는 실감이 난다."며 놀라워했다.

그리고 전태일이 '바보회' 모임을 했던 명보다방에 들러 음료를

◀ 전태일 동상을 보며 설명을 듣는 아이들의 모습. 직접 보고 경험하는 것의 교육적 효과를 느낄 수 있었다.

▼ 전태일기념관의 외관과 소망나무에 글을 쓰는 모습. 전태일기념관에서는 참여형 전시물에 흥미를 보이며 참여하는 학생들이 많았다.

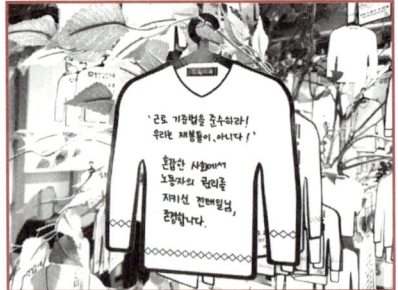

마시는 시간도 가졌다. 옛날 다방을 처음 가 보는 경험도 좋았지만 의미 있는 장소가 옛 모습 그대로 남아 있어서 아이들은 "전태일 아저씨가 지금이라도 저 문을 열고 들어올 것만 같다."고 말했다.

그다음 향한 곳이 전태일기념관이었다. 여학생들은 건물 외관의 멋진 글씨에 담긴 의미부터 시작하여 내부 곳곳의 사진과 설치물에 대한 해설사 선생님의 설명을 하나라도 놓칠세라 열심히 따라다니며 들었다.

하지만 어느 순간부터 설명 듣는 것을 포기한 일부 남학생들은 미싱사들이 일하던 작은 공간을 재연해 놓은 곳에 몸을 구겨 넣거나 전태일이 만들었던 설문조사지에 답변을 해 보거나 소망 나무에 무언가를 적는 등 체험형 전시물에 흥미를 보였다. 해설이 끝난 후 전태일재단에서 자료와 기념품까지 듬뿍 챙겨 주신 덕분에 아이들은 뿌듯하고 보람 있는 하루였다며 즐겁게 돌아왔다.

> **수업 후기** 교실을 벗어나 생생하게 느끼는 전태일

동아리 활동을 종료하는 날 2학기의 인상 깊은 활동에 대해 소감을 나누는데 많은 아이들이 전태일기념관 방문을 1위로 꼽았다. 지하철 왕복 3시간에 견학 장소에서도 내내 걸어 다닌 만큼 고생스러웠을 텐데 또 그만큼 인상적이었다고 했다. 1학기에 공부한

것을 실제로 보고 견학하여 의미를 더한 것도 좋았고, 전태일의 삶과 정신 자체가 낯설지만 새로운 감동으로 다가왔다고 했다.

"많은 활동을 했지만 그중에서 제일 기억에 남는 체험은 전태일 기념관을 갔을 때이다. 1학기 때 처음으로 전태일이라는 사람을 알게 되었고, 노동자의 인권을 위해 망설임 없이 나서는 전태일이 멋있어서 더 알아보고 싶었는데 견학을 간다고 해서 정말 좋고 설레었다. 오가는 길은 힘들었지만 전태일이라는 사람을 알아가며 리더의 중요성을 다시 한 번 깨닫게 되었다. 노동자들의 힘듦과 고통을 보며 끝까지 싸운 전태일을 본받고 싶다."

"학교에서도 전태일에 관한 설명을 들었지만 직접 가서 알고 느껴 보니 생생하고 흥미로웠다. 나는 전태일도 대단하지만 그의 어머니도 대단하다고 생각한다. 그의 어머니는 전태일이 노동자를 위해 일을 하기 전에도, 하고 있는 중에도, 하고 난 후에도 항상 곁에서 응원했다. 그래서 전태일기념관에 갔을 때 전태일의 어머니가 가장 기억에 깊게 남았다. (중략) 사회를 평화롭게 유지하기 위해 일하는 우리 한 명 한 명이 모두 소중하게 느껴졌다."

"동아리 활동 중 가장 인상 깊었던 활동은 전태일기념관을 다녀온 것이다. 1학기에 전태일재단에서 오신 선생님께 수업을 받았는데 이번에는 우리가 전태일재단에 간다는 것이 재미있었다. 또한 어린 나이부터 가정 형편이 어려웠던 전태일의 삶을 보면서 자신도 힘들었을 텐데 노동자들을 위해 노력하고 뜻을 펼치기 위해 자신의 몸까지 희생했다는 것이 대단하기도 했고, 안타깝기도 했다. 그런 전태일이 다녔던 장소와 그가 근로기준법을 공부한 일, 그를 지지하며 도와주었던 사람들도 인상적이었다. 전태일의 어머니에 대해서도 알게 되었는데 아들이 그렇게까지 열심히 펼쳤던 뜻을 이어 가기 위해 노력하신 점이 대단해 보였다."

"전태일기념관에 가기 전 우리는 먼저 전태일 다리와 그가 일했던 평화시장, 전태일이 생전에 갔던 명보다방을 방문했다. 그의 발자취를 따라가다 보니, 그저 위인 같이 느껴졌던 전태일이 친숙하게 다가왔다. 전태일기념관에선 어렴풋하게 알고 있던 그의 일생에 대해 자세히 알게 되었고 노동자를 위해 안전한 환경을 만들기 위해 노력했던 전태일의 따뜻한 마음을 느낄 수 있었다. 청년 노동자 전태일이 외쳤던 주장과 그의 리더십과 열정을 보며 리더의 진정한 모습을 절실히 느낄 수 있었다."

"1학기 때 전태일재단에서 학교로 교육을 오신 후 전태일이 대단해 보이고 더 알고 싶었는데 정말 좋은 기회였다. 평화시장, 명보다방에 방문했을 때는 역사적인 현장에 와 있는 기분이었다. 특히 명보다방은 시간이 멈춰 있어 금방이라도 바보회에서 회의하러 올 것 같았다. 전태일기념관에서 전태일의 삶에 대해 더 자세하게 알 수 있었으며 노동에 대한 인식을 바꾸는 계기가 되었다. 노동이라 하면 막노동처럼 몸으로 하는 힘든 일이라는 생각을 가지고 있었는데 보수를 받고 사회에 기여하는 일을 하면 그게 모두 노동이라는 것, 힘들었던 대한민국을 살린 건 전태일과 같은 노동자였다는 것을 알게 되었다. 지금은 예전보다 훨씬 좋아졌지만 그래도 아직 노동자에 대한 인식은 부정적인데 빨리 인식이 개선되었으면 한다."

리더십을 탐구하는 동아리여서 그런지 전태일을 '사회의 리더'라는 관점에서 바라보는 아이들이 많았다. 그리고 경쟁 사회 속에서 내 것을 먼저 챙기지 않으면 안 된다고 생각해 왔는데 바보같이 자신의 것을 모두 내어 주는 사람이 있었다는 사실에 감동을 느낀 듯했다.

전태일도 남들처럼 월급을 많이 받는 길을 선택할 수 있었다. 남들처럼 가정을 꾸리고 평범하게 사는 것을 선택할 수도 있었다. 그럼에도 그렇게 하지 않았다. 아이들은 전태일이 '이상적인 리더'이자 '되고 싶은 어른의 모습'이라고 말했다. 그동안 우리 사회가 아이들에게 '되고 싶은 어른의 모습'을 많이 보여 주지 못한 것 같아 내심 부끄러워졌다. 그리고 교실을 벗어나 현장에서 생생하게 보고 느끼는 시간의 소중함도 다시금 느꼈다.

예비 노동자의 권리와
노동인권 감수성

2016년 여름 서울시교육청에서 주관한 노동인권연수를 들었다. 청소년들이 처한 열악한 노동환경에 대해 연수를 듣는 동안 내가 가르친 아이들이 많이 생각났다. 아이들이 중학교를 졸업하고 대학 진학하는 것 이외에 어떤 삶을 살아갈지 무관심했던 것이 미안했다. 그동안 아이들의 삶에 도움이 될 만한 것을 알려 준 적이 없었다는 반성으로 이제라도 뭔가 해야 할 것 같았다. 아이들의 삶을 인간답고 안전하게 가꿔 주기 위해 대단한 일은 할 수 없지만 적어도 내가 선 자리에서 잘할 수 있는 일이 있었다. 아이들 스스로 자신을 보호할 수 있는 노동권리를 가르치고 약자에 대한 연민과 공감, 포용력을 길러 주는 것이야말로 내가 할 일이라는 생각이 들었다. 이후 학기 중 틈틈이 노동인권수업을 진행했고, 요즘에는 학기말 집중적으로 할 수 있는 활동을 하고 있다. 어수선한 시기라 학생들의 집중이 어려운 만큼 학생들이 흥미를 가질 수 있는 활동 수업을 기획했다.

– 신현고등학교 교사 **최혜연**
*노동인권수업은 성일중학교에서 진행된 내용임.

카드게임으로 시작하는 **노동인권수업**

도입 | 게임이라는 효율적인 전달 방식

내가 노동인권수업을 진행했던 성일중학교는 사회 수업이 중학교 1학년과 2학년에 편성되어 있었다. 3학년이 되면 더 이상 사회 과목을 배우지 않았다. 학생들이 의무교육과정으로 사회를 배우는 것은 중학교 2학년이 마지막인 것이다. 그래서 나는 중학교 2학년을 맡을 때면 학기말 교육과정을 노동인권수업으로 짜고는 했다. 미래의 노동자 또는 사용자가 될 아이들이 자신의 삶의 대부분을 보내게 될 노동현장이 어떤 곳인지, 그곳에서 노동자는 어떤 권리를 가지는지 알려 줄 책임이 의무교육과정에 있다고 생각했기 때문이다. 그래서 12월이 되면 수업에 들어온 아이들 중 누군가에게는 생애 마지막 시민교육이 될 수 있다는 마음으로 노동인권교육을 시작했다.

그런데 문제는 학기말 교육과정은 무엇을 하든 학생들이 싫어한다는 점이다. 7월은 너무 더워서, 12월은 너무 추워서 손가락

하나 움직이기 싫은 아이들을 데리고 무언가를 한다는 것은 상당히 고통스럽다. 어렵거나, 지루한 내용이나 활동을 강권하면 일단 교사에 대한 미움이 커지고, 내가 아무리 유익한 내용을 강의한들 제대로 듣지 않는다. 몇 년의 실패 끝에 게임으로 학생들을 유혹할 방법을 찾았고, 몇 번의 실패와 수정 끝에 카드게임이 하나 완성되었다.

카드게임을 이용한 수업은 기초적인 노동권을 지식으로 학습하는 데 최적화된 것이다. 물론 이 수업으로 학생들이 감동을 느끼거나, 노동인권의 의미와 중요성이 마음 깊이 와닿지는 않을 것이다. 다만 학기말 수업에 대한 학생들의 거부감을 줄이고, 효율적인 지식 학습을 완성할 수 있다.

'수업 열기'를 제외하면 수업의 전체적 과정은 4단계로 구성되어 있다. 1단계는 게임 소개 및 연습게임이다. 게임의 구성과 방법에 대해 교사가 말로 학생들에게 먼저 전달하고 연습게임으로 모든 학생들이 이해할 수 있도록 한다. 2단계는 게임 방법을 익히고 나서 모둠별로 실전 게임을 하는 단계이다. 3단계는 퍼즐 맞추기인데, 2단계에서 학생들이 게임을 빠르게 진행하면서 놓친 내용이나 잘못한 부분을 수정하는 단계이다. 4단계는 교사와 함께 퀴즈를 통해 확인하는 마지막 단계로 학생들이 중요한 내용을 습득했는지 확인하는 단계이다.

1단계부터 3단계까지 30분 남짓을 예상하고 카드게임을 진행하는데 만일 시간이 부족하다면 4단계는 생략해도 좋다.

> [수업 열기] 사회 교과와 연결하여 동기유발하기

수업을 여는 방식은 두 가지가 있다. 첫째는 게임 수업임을 강조하는 것이다. 이것은 학기말 교육과정이라는 것에 초점을 두는 것으로 학생들의 흥미 및 동기유발이 필요할 때 적합하다. 둘째는 사회 수업과의 연장선에서 활용하는 것이다. 사회② 교육과정에는 사회법과 근로기준법에 대한 내용이 간략하게 나온다. 한 학기 수업이 거의 마무리된 뒤, 배웠던 것과 연관시키면서 게임 수업을 진행할 수 있다.

일단 아이들에게 "나중에 학교 졸업하면 어떻게 먹고살 거야?"라는 질문을 던진다. 그러면 아이들은 의아해하며 대답을 머뭇거리다가 "취직해요.", "부모님이랑 같이 살아요."라는 대답을 한다. 그럴 때 사회 교과와 연결된 조언을 해 준다.

"부모님한테 얻어먹고 살 수 없다면, 모두 취직해야겠죠. 내가 회사를 가지지 않은 이상 돈을 벌려면 누군가에게 고용을 부탁해야 하고, 그 사람이 나를 고용해 주면 취직이 되는 거죠. 이렇게 다른 사람에게 고용되어 일을 한 대가로 임금을 받는 사람을 뭐라고 할까요?"

이렇게 다시 질문을 던지면 '취직자', '노동자', '직장인' 등 좀 더 적극적인 대답이 돌아온다. 이때 사회 시간에 배웠던 내용을 확인하며 노동권리 수업으로 자연스럽게 들어간다.

"우리 대부분은 취직이 된다면 노동자가 될 거예요. 그런데 노동자는 고용주와 비교해서 상대적으로 약자일 수 있어요. 약자를 보호하기 위해 개인과 개인 간의 관계에 국가가 개입하는 법을 우리 이번 학기에 배웠죠. 기억나나요? 바로 사회법이에요. 사회법을 배울 때 우리가 사회법의 예 중 하나로 근로기준법을 배웠어요. 근로기준법은 상대적 약자인 노동자의 권리를 보호하기 위해 만들어진 법이에요. 미래의 노동자가 될 사람으로서 오늘은 노동자의 권리를 카드게임으로 배워 보려고 해요."

이렇게 하면 관심을 보이는 아이들이 생기므로 수월하게 게임 수업을 진행할 수 있다.

수업 활동 ◉ 문제카드와 해결카드로 만나는 노동문제

카드게임은 문제카드 18장, 해결카드 36장으로 구성되어 있다. 문제카드에 적합한 해결카드를 내려놓으면 승점을 1점 얻고, 잘못된 해결카드를 내려놓으면 −1점을 얻는다. 18장의 문제카드가 모두 해결되었을 때, 가장 많은 승점을 얻는 사람이 승리한다. 게임 시간은 중학생 기준으로 게임 방법을 완벽히 숙지하지 못했을 때는 15분, 완벽히 숙지했을 때 약 10분 정도 소요된다.

문제카드의 문제 상황은 서울시에서 발간한 청소년 노동권리 수첩에서 가져와 구성했다. 서울시에서 발간한 청소년 노동권리 수첩은 실제 청소년들이 겪고 질문한 내용으로 구성되어 있어 학생들의 실제 문제를 해결하는 데 적합했다.

해결카드에는 문제 상황에 주장할 수 있는 법적 권리나 해결 방법이 제시되어 있다. 카드 안에 키워드를 눈에 띄는 색깔로 표시하여 학생들이 노동권리에 대한 별다른 지식이 없더라도 문제카드와 해결카드의 쌍을 유추할 수 있게 했다. 주의 깊게 읽어 보면 누구나 문제에 적합한 해결카드를 내놓을 수 있는 수준으로 설계했다.

예를 들어 '하루에 9시간을 일했는데 청소년이 9시간 일하는 것은 위법이라고 하루 7시간 급여만 준다'는 내용의 문제카드에 대해서는 '청소년 근로자가 법을 위반해서 9시간 일한 경우 사업주가 처벌받으며, 청소년은 일한 만큼의 임금을 받을 수 있다'라고 적힌 해결카드를 제시한다. 또 '실수로 오븐에서 빵을 꺼내다 화상을 입었는데 치료비를 어떻게 해야 하나요?'라고 묻는 내용의 문제카드에 대해서는 '노동자가 잘못하여 다친 경우에도 산업재해 보상보험에 의해 치료비를 받을 수 있다'고 적힌 해결카드를 내려놓으면 되는 것이다.

해결카드는 문제카드와 마찬가지로 18종이나, 같은 종류를 2장씩 만들어 36장으로 만들었다. 해결카드가 문제카드의 두 배가 되면 다른 사람이 같은 해결카드를 가지고 있기 때문에 경쟁하게 되어 게임의 재미를 살릴 수 있다.

게임이 워낙 단순하여 설명에는 5분도 채 걸리지 않았다. 그래도 설명만으로 게임을 이해하지 못할 것이라는 생각에 학생들을 위해 연습게임을 실시해 보았다. 나의 걱정이 무색하게 게임이 시작되자 경쟁심과 승부욕이 발동해 어느새 선생님은 안중에도 없고 자기들끼리 왁자지껄 게임을 하기 시작했다. 똑똑한 친구들이 많은 모둠은 해결카드를 내려놓을 때마다 시비를 거느라 게임 진행이 더뎠고 모둠 안에서 합의가 되지 않아 한 턴이 끝날 때마다 나를 불러 심판을 보게도 했다. 또 다른 모둠은 나머지 3명이 의견을 내기도 전에 한 명이 독주를 하여 10분도 안 되어 끝나기도 했다. 나머지 세 모둠은 평균적으로 엎치락뒤치락하며 자신의 승점을 차곡차곡 모아 갔다.

사실 처음 게임을 시킬 때는 과연 아이들이 잘 할 수 있을까 의구심이 많이 들었다. 이런저런 보드게임을 많이 시켜 보았으나 그때마다 게임 룰을 이해하지 못하는 학생이 태반이었기 때문이다. 그러나 중학생들에게 이 게임은 너무 단순하고 쉬웠나 보다. 게임 중에 적합한 해결카드가 맞는지 나를 불러 정답을 확인하는 것 이외에 학생들은 나를 부르지도, 질문하지도 않았다.

게임 시작 후 10분이 넘어가자 5팀 중 4팀에서 게임의 승자가 가려졌다. 15분이 지나자 모든 모둠이 게임을 마쳤다. 게임이 끝나자 내가 운을 뗐다.

"지금 한 건 게임을 익히기 위한 연습게임이었어요."

처음부터 연습게임이라고 공지했는데도 승자들의 원성이 교실을 가득 메웠다.

"게임은 모두가 룰을 이해한 상황에서 정정당당하게 합시다. 이제 모두 게임의 규칙을 이해했을 테니 이번에는 전략을 세워 게임을 다시 해 봅시다."

내 말이 떨어지자마자 다시 카드를 배분하고 게임에 몰입하는 모습이 보기 좋았다.

연습게임을 마치면 실전게임은 별다른 설명 없이 아이들에게 맡기면 된다. 교사는 돌아다니면서 모둠별로 요청사항을 해결해 주기만 하면 된다.

예를 들어, 학생들은 자기 순서가 끝날 때마다 해결카드를 더미에서 두 장씩 가져와 새롭게 보충해야 하는데 그렇게 하지 않고 순서가 지나면 손에 든 해결카드가 없어지게 되는 실수를 자주 한다. 이와 같은 진행 실수로 게임 진행에 어려움을 겪지 않도록 시작할 때 모둠별로 돌아보며 문제가 없는지 살펴보아야 한다. 또, 학생들이 가장 자주 하는 질문은 '틀린 카드를 내려놓았는데 아무도 그것을 알아차리지 못하면 어떻게 되냐'는 것이었다.

❖ 카드게임 방법

게임의 구성	문제카드 18장, 해결카드 36장
인원	2~6명(3~4명이 가장 이상적)
게임 준비	

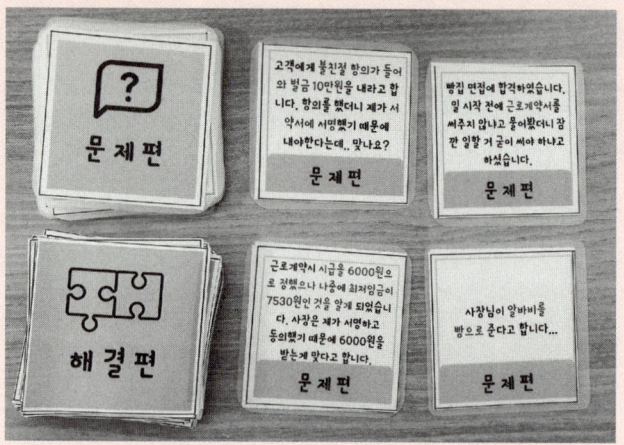

1. 문제카드 18장과 해결카드 36장을 각각 잘 섞어 내용이 보이지 않게 중앙에 둔다.
2. 플레이어는 해결카드를 두 장씩 갖는다. 자신의 해결카드를 확인할 수 있다.
3. 문제카드 더미에서 플레이어 수만큼 문제카드를 뒤집어 중앙에 펼쳐 둔다.

게임 진행

1. 플레이어는 자신이 가진 해결카드 중에서 펼쳐진 문제카드를 해결할 수 있는 해결카드를 문제카드 위에 원하는 만큼 내려놓는다.
2. 다른 플레이어의 이의제기가 없으면, 문제카드-해결카드 한 쌍을 본인 자리로 가져온다.
3. 다른 플레이어가 이의제기를 하면 논쟁을 통해 설득하고, 동의하면 문제카드-해결카드 한 쌍을 본인의 자리로 가져온다.

4. 이의제기를 한 플레이어의 의견이 설득력이 있다고 판명나면, 내려놓은 해결카드는 해결카드 더미 맨 아래에 넣고, 문제카드는 그대로 둔다.
(이의제기를 했을 때 의견이 팽팽하고 논쟁적이면 선생님에게 도움을 요청할 수 있다.)

5. 해결할 수 있는 문제카드가 없으면 다음 플레이어를 위해 문제카드를 다시 플레이어 수만큼 뒤집어 두고, 해결카드도 2장을 새롭게 가져온 뒤 자기 차례를 마친다

게임 종료

문제카드가 모두 소진되면 게임이 종료된다.

점수 계산

1. 가져온 문제카드-해결카드 한 쌍당 1점으로 계산한다.
2. 다른 플레이어의 이의제기로 인해 문제카드-해결카드를 가져오지 못하면 감점 1점이다.
3. 가장 많은 점수를 얻은 플레이어가 승리한다.
4. 동점자가 있는 경우 플레이 순서가 늦은 사람이 승리한다.

❖ 문제카드 예시

고객에게 불친절 항의가 들어와 벌금 10만원을 내라고 합니다. 항의를 했더니 제가 서약서에 서명했기 때문에 내야한다는데.. 맞나요? **문제편**	일을 시작하기 전 기본적인 제빵에 대해 2일 동안 교육을 받았습니다. 급여를 확인해보니 교육기간 2일의 급여는 없었습니다. **문제편**	갑자기 생리통이 너무 심해서 도저히 출근하기가 어렵습니다. 참고로 저희 빵집은 5인 이상 사업장입니다. **문제편**	집안 사정이 생겨서 알바를 그만두게 되었습니다. 사장님이 다음 근무자를 구하지 않으면 그만둘 수 없다고 합니다. **문제편**
빵집 사장님이 저보고 너무 어린 돈을 함부로 쓸 것 같다며 급여는 부모님 통장으로 주시겠다고 합니다. **문제편**	하루에 9시간을 일했는데 청소년이 9시간 일하는 것은 위법이라고 하루 7시간 급여만 준다고 합니다. **문제편**	산업재해보상보험 급여를 신청하려고 하는데 어떻게 해야하나요? **문제편**	사장님이 알바비를 빵으로 준다고 합니다... **문제편**
근로계약시 시급을 6000원으로 정했으나 나중에 최저임금이 7530원인 것을 알게 되었습니다. 사장은 제가 서명하고 동의했기 때문에 6000원을 받는게 맞다고 합니다. **문제편**	투잡을 뛰려고 알바를 알아봤더니 노래방 도우미가 시급이 쎕니다. 제가 할 수 있을까요? **문제편**	오늘 저녁에 여자친구와 약속이 있는데 사장님이 빵500개를 다 구을 때까지 집에 못 간다고 저를 강제로 밀어 넣고 문을 자물쇠로 잠궜습니다. **문제편**	사장님이 공휴일에도 나와서 빵을 구우라고 하셨습니다. 공휴일은 쉬는 날이 아닌가요? **문제편**
빵집 면접에 합격하였습니다. 일 시작 전에 근로계약서를 써주지 않고 물어봤더니 잠깐 일할 거 굳이 써야 하냐고 하셨습니다. **문제편**	빵을 굽다가 졸아서 빵을 다 태웠습니다. 사장님이 씨X 개XX이라고 하며 빵을 제 얼굴을 향해 던졌습니다. (다행히 맞지는 않았지만..) **문제편**	퇴근시간 이후에 청소같은 잡다한 일을 30분 시킵니다. 30분 청소는 당연한 것이며 청소는 30분에 해당하는 임금은 줄 수 없다고 합니다. **문제편**	사장님이 와서 요즘 운동하냐며 섹시하다고 제 팔뚝을 쓰다듬고 만졌습니다. 너무 불쾌했으나 사장이라 아무 말도 할 수 없었습니다. **문제편**
실수로 오븐에서 빵을 꺼내다 화상입었습니다. 치료비를 받을 수 있을까요? **문제편**	아침 주문이 있어서 밤 10시부터 오전 6시까지 빵을 굽기로 했습니다. 낮에 일하는 것보다 훨씬 피곤한데 보상이 없나요? **문제편**		

❖ 해결카드 예시

야간근로수당	강제 노동 금지	폭행(언어폭력 금지)	유해업종 종사 금지
밤10시부터 아침6시 사이에 일을 했다면 원래 임금의 1.5배를 받을 수 있습니다.	노동자를 강제로 일하게 했을 경우 5년 이하 징역 또는 3천만원 이하 벌금을 받을 수 있습니다.	노동자에게 물건을 던지거나, 수치심과 모멸감을 유발시키고 명예를 손상시키는 행위고 폭행에 해당되며 폭행은 근로기준법 위반으로 위법행위입니다.	사업주는 18세 미만 청소년에게 술집, 노래방도우미와 같은 유해한 일을 시킬 수 없습니다.
해 결 편	**해 결 편**	**해 결 편**	**해 결 편**

직장내 성희롱 금지	근로계약서 필수 작성	최저임금 이하로 지급 금지	부당한 서약 무효2
직장내 지위를 이용하여 다른 노동자에게 성희롱을 해서는 안 되며 남자도 피해자가 될 수 있습니다.	노동조건을 문서로 명확히 하지 않으면 부당한 대우를 당해도 대응하기 어렵습니다.	근로계약서의 내용이 노동법을 위반했다면 그 부분은 무효입니다. 최저임금에 못 미치는 금액을 추가로 받을 수 있다.	불친절 항의와 같이 실제 손해액과 상관없이 일방적으로 배상금액을 정하는 서약은 무효입니다.
해 결 편	**해 결 편**	**해 결 편**	**해 결 편**

공휴일은 관공서가 쉬는 날이며 반드시 휴일이 아닙니다. 휴일은 사용자와 노동자가 협의하여 정합니다.	부당한 서약 무효1 다음 근무자를 구하지 않으면 그만둘 수 없다는 것은 부당한 서약으로 무효입니다.	교육시간도 노동시간에 포함 의무적으로 참석해야하는 교육도 근로시간에 포함되기 때문에 당연히 임금을 받아야 합니다.	청소년 근로자가 법을 위반해서 9시간 일한 경우 사업주가 처벌받습니다. 청소년은 일한 만큼의 임금을 받을 수 있습니다.
해 결 편	**해 결 편**	**해 결 편**	**해 결 편**

생리휴가	임금은 본인에게	청소(정리)도 노동시간에 포함	
5인이상 근무하는 사업장의 경우 사용자는 여성노동자가 청구하면, 월 1일의 생리휴가를 주어야 합니다.	청소년 근로자의 임금은 부모님에게 주는 것이 아닙니다. 일을 한 당사자에게 직접 주어야 합니다.	사용자에게 추가 근로한 시간에 대해 임금을 지급해 줄 것을 요구하였는데 지금 하지 않으면 고용노동부에 임금체불로 신고하여 지급받을 수 있습니다.	임금은 돈으로 주어야 합니다.
해 결 편	**해 결 편**	**해 결 편**	**해 결 편**

산재보험	산재신청방법		
노동자가 잘못하여 다친 경우에도 산업재해보상보험에 의해 치료비를 보상받을 수 있습니다.	신청서에 인적사항, 산업재해 경위 등을 작성하고 치료받는 병원에서 소견서를 받아 근로복지공단에 제출하면 됩니다.		
해 결 편	**해 결 편**		

그때는 '아무도 알아차리지 못하면 그 학생은 틀린 카드를 내려놓고도 점수를 쉽게 가져가기 때문에 본인이 승리하기 위해서는 다른 사람이 틀린 내용을 내려놓는지 확인할 필요가 있다'고 말해 준다. 누군가 틀린 카드를 내려놓은 것을 알아챘다면 카드를 내려놓은 학생은 1점이 감점된다는 것도 덧붙여 강조한다.

카드게임을 할 때 학생들끼리 하기 때문에 문제카드와 해결카드를 미스매칭하고 그냥 넘어가는 일이 자주 생길 수 있다. 문제카드에 잘못된 해결카드를 내려놓았으나 다른 플레이어가 눈치채지 못하거나 지적하기 어려워하는 경우, 잘못된 해결카드에 대해 이의제기를 했으나 카드를 내려놓은 플레이어의 언변이 뛰어나 다른 학생들이 설득당한 경우, 게임의 스피드를 즐기느라 아무도 이의제기를 하지 않고 게임을 진행하는 경우 등 다양한 상황이 존재한다.

학생들간의 수많은 상호작용을 교사가 모두 파악하고 정정해 줄 수는 없다. 따라서 다음 단계에서 미스매칭에 따른 오개념을 방지하기 위해 퍼즐 맞추기 활동을 한다. 카드게임에서 사용했던 문제카드 내용과 해결카드 내용을 퍼즐 형태로 제시하여 모둠원들이 협동하여 맞추는 활동이다. 교사는 이 활동 결과를 확인하여 학생들이 문제와 해결방법을 정확하게 매칭할 수 있는지 점검하고 오류를 수정해 줄 수 있다.

| 수업 후기 | 예비 노동자들의 기본적인 노동권리 익히기

게임 수업을 마치고 아이들에게 소감을 물어보았다. 몇몇 반은 할 만하다는 반응이었고, 호응이 좋은 반은 "너무 재미있었어요.", "다음에 또 해요.", "완전 유용해요." 등 칭찬을 해 주어서 어깨가 으쓱하기도 하였다.

카드게임 하나로 노동인권교육의 많은 목적들이 달성될 수는 없다. 노동인권교육에는 수많은 학습 주제가 있다. 인권 감수성, 약자에 대한 배려심, 연대, 국가가 보장하는 권리, 근로계약서 작성시 주의사항, 노동자와 사용자가 어떻게 조화롭게 합의하여 근무 여건과 삶의 질을 발전시켜 나갈 것인지 등. 이와 같은 다양한 주제들 중에 노동교육이 오직 노동자의 법적 권리 중심으로 이루어지는 것은 바람직하지 않다.

누구나 노동자가 될 것이기 때문에 자신이 가진 권리를 충분히 알고, 유사시에는 자신과 타인을 보호하는 수단으로 활용할 수 있어야 한다. 어떤 학생들은 어려운 상황을 만나면 스스로 공부해서 자신을 보호할 수 있다. 그 정도로 학습 능력이 뛰어난 학생들은 걱정하지 않아도 된다. 내가 걱정하는 것은 어려운 용어가 나오면 머리가 아프다며 멀리하는 학생들, 나중에 어려운 상황을 만났을 때 스스로 공부할 기회와 능력을 갖추지 못한 학생들, 그래서 자신에게 어떤 권리가 주어진 줄도 모르고 살아갈 학생들이다. 어떻게 하면 학생들이 노동권리의 존재를 알고, 기본적인 보호 수단을 익힐 수 있을까 하는 고민 끝에 이 게임이 탄생했다.

학기말에 노동권리교육을 하겠다고 했을 때 어떤 사람들은 우려의 목소리를 내기도 했다. 권리만 가르치면 학생들이 책임감 없이 권리 타령만 하게 되는 것이 아니냐는 것이었다. 노동현장에서 상대방에게 피해를 입힐 작정으로 자신의 권리를 악용하는 아이들이 있다는 것이다. 물론 그런 사람들이 있다. 그런 사람은 노동현장뿐만 아니라 어딜 가든 있다. 나도 권리 교육을 할 때, "이런 문제가 있으면 어떻게 하지?"라는 질문에 무조건 "신고해요."라는 대답이 나오는 것을 많이 보았다. 그러나 노동권리를 알려 주지 않고 숨긴다고 문제가 해결되는 것은 아니다. 권리는 권리대로 가르치되, 공동체 구성원에 대한 상호 존중과 배려하는 또 다른 시민성 교육이 진행되어야 한다.

카드게임 수업을 통해 '예비 노동자들의 기본적인 노동권리 익히기'라는 소박한 목적 하나는 효과적으로 달성할 수 있다고 생각한다. 게다가 어수선한 학기말에 학생들과 간단한 카드게임으로 즐겁게 학기를 마무리할 수도 있을 것이다.

시를 통해 기르는 노동인권 감수성

도입 | 인권 감수성을 키우는 수업

전태일의 죽음을 다룬 수업을 한 적이 있었다. 전태일의 삶과 죽음, 그가 원했던 세상에 대해 함께 생각해 보자는 취지의 수업이었다. 수업이 끝나고 아이들에게 오늘 수업이 어떤 의미였는지 물었다. 몇몇 아이들은 분신이라는 자극적인 소재에 관심을 기울였고, 어떤 아이는 전태일을 다룬 영화 포스터에 나온 주인공 표정이 웃기다고 했고, 어떤 아이는 옛날 얘기를 자꾸 하는 것이 지겹다고 말했다.

드라마 '미생'을 활용하여 노동인권수업을 진행했을 때의 일이다. 임신한 채 과중한 업무를 진행하다 회사에서 쓰러진 여성, 일과 육아를 병행하느라 정신없는 워킹맘을 다룬 장면을 보고 주인공이 겪는 어려움이 무엇이고, 그들을 어떻게 도울 수 있을지 생각해 보는 수업이었다. 수업 중 한 학생이 "선생님, 육아휴직하면 월급 나와요?"라고 질문했다. "회사마다 다르겠지만 일정 기간 동안 일정 비율로 나오는 곳이 있죠."라고 답변하자 학생이 대꾸했다.

"그럼 휴직 안 하고 일하는 사람은 억울하겠네요. 육아휴직 해 달라고 하면서 돈도 받는 건 양심이 없는 것 같아요."

가끔 아이들은 아무렇지 않게 잔인한 말을 내뱉을 때가 있다. 아이들이 딱히 나빠서 그런 것은 아니다. 자기가 하는 행동이 나쁜지 모르는 경우도 있고, 해선 안 되는 것을 알지만 뭐가 잘못된 건지 모르는 경우도 있고, 잘 알지만 통제가 안 돼서 그러는 경우도 있다. 경험이 적고, 타인의 입장에 대한 공감 능력이 떨어지면 더 쉽게 잔인한 말과 행동을 하는 경향이 있다.

민주주의 사회에서 시민은 다른 사람의 삶에 광범위한 영향력을 미칠 수 있는 권력을 행사한다. 한 명 한 명의 권리 행사의 결과가 크진 않지만 그것이 모이면 매우 큰 영향력을 발휘하게 된다. 나는 민주주의 사회에서 시민으로서 정치적 의사결정을 내려야 할 학생들이 노동조건을 개선하기 위해 자신을 희생한 사람의 죽음에 대해 예의를 갖추고, 직장에 나가서도 아이 걱정에 안절부절 못하는 사람들의 마음을 이해할 수 있는 사람으로 자라나기를 바란다. 그래서 노동인권교육을 할 때 권리 교육보다 감수성을 키우는 교육에 더 관심을 두고 있다.

그렇다면 노동문제에 대한 아이들의 인권 감수성은 어떻게 키울 수 있을까? 어떻게 하면 노동자의 목소리를 귀 기울여 듣고 그들의 입장에서 생각해 보게 만들 수 있을까? 아이들은 직접적인 노동 경험이 없어 노동환경이 어떠한지, 그 속에서 다양한 위치의 노동자들이 어떤 감정을 느끼는지 상상하는 것도 어려워하기 때문에 아이들의 상상을 돕고, 감정을 깊이 있게 느낄 수 있게 하는 것에 목표를 두고 수업 아이디어를 고민했다. 그러던 중 국어 선생님과 수업에 대한 대화를 나누다가 아이디어를 얻어 노동자의 삶을 담은 창작시 작성 수업을 구성했다.

이번에 소개할 수업은 기사에 나온 사건을 시의 소재로 삼아 한 편의 창작시를 작성하는 것이다. 이 수업에서 학생들은 특정 노동자의 삶을 구체적으로 조명한 기사를 통해 간접적으로 경험하고, 감정이입을 통해 타인의 삶을 이해할 수 있다. 그리고 그 결과를 '시'를 통해 효과적으로 표현할 수 있다.

수업 열기 ⇨ 노동현장을 담은 시로 시작하는 수업

2010년에 있었던 한 사건에 대해 학생들에게 이야기하는 것으로 수업을 시작했다. 당진의 한 제철소에서 작업을 하던 노동자가 용광로에 추락하여 사망한 사건이었다. 용광로에는 섭씨 1600도가 넘는 쇳물이 담겨 있었고, 끝내 시신을 찾지 못했다. 이 사건을 처음 접했던 당시의 내 생각이나 느낌을 더해 말했다.

"저는 실제 있었던 일을 엮은 책 『현시창』의 에피소드 중 하나로 그 사건을 접했어요. 내용 전체가 정확하게 기억나지는 않지만 그 에피소드를 읽고 느꼈던 감정은 지금도 생생하게 기억납니다. 관련 기사를 찾아 읽어 보니 그 기사에 댓글 시가 한 편 달려 있었죠."

기사에 달린 댓글 시는 광염에 청년이 사그라졌으니 그 쇳물은 쓰지 말라는 문장으로 시작했다. 자동차도, 가로등도, 철근도, 바늘도 만들지 말 것이며, 얼굴을 만들고 정성으로 다듬어 정문에 세우라고 했다. 그래서 가끔 엄마가 찾아와서 얼굴 한 번 만져 볼 수 있게 하라는 것이었다. 이 시의 전문을 읽어 주고 아이들에게 물었다.

"여러분은 이 시에서 어떤 부분이 가장 인상 깊었나요? 사람마다 다르겠지만 저는 '그 쇳물'로 자동차도, 가로등도, 철근도, 바늘도 만들지 말라는 부분이었습니다. 그 쇳물은 작가의 바람대로 아무 데도 쓰이지 않았을까요? 당시 신문 기사에 따르면 업체 측에서도 곤란해했다고 해요. 사람이 죽은 쇳물을 다른 데 사용할 수도 없고, 그렇다고 쓰지 않기에도 손해가 컸던 것이죠. 결국 어떻게 되었는지는 저도 모릅니다. 이후의 일에 대한 기사는 더 이상 없더군요. 결론이 어떻게 되었든 간에 그 쇳물이 어딘가 쓰일 수 있었다는 가능성은 세상을 보는 제 관점을 바꿔 놓았어요. 이 시를 읽고 나니 갑자기 세상이 조금 다르게 보이더군요. '내 주변의 모든 재화와 서비스가 만들어져 나에게 오기까지 어떤 사연이 있을까?', '이것들이 만들어지는 노동환경은 어땠을까?', '또 어떤 사람이 이런 물건들을 만드는 데 희생되었을까?' 등 이전에 안 하던 질문을 하게 되었어요. 내가 소비하는 건물, 재화, 서비스들이 누군가의 노동의 결과물이라는 것을 인식하기 시작한 것이죠. 우리가 매일매일 소비하는 모든 것은 누군가의 노동으로 만들어진 것이에요. 이 모든 것이 어디서, 어떻게 왔는지 질문하고 성찰하는 태도가 필요합니다. 우리 중 아무도 1600도에 한 사람이 녹아내린 쇳물을 사용하고 싶은 사람은 없을 것이기 때문이지요."

사건 내용이 너무 끔찍했던지, 나의 이야기가 인상 깊었던지 아이들이 아무 말 없이 다음 말을 기다리고 있었다. 본격적인 수업에 들어가기 위해 나는 말을 이었다.

"지난 시간에 우리는 전태일의 삶에 대한 짧은 이야기책을 함께 읽었죠. 전태일 열사뿐만 아니라 지금까지 근로조건과 노동환경 개선을 위해 싸워 온 많은 사람들 덕분에 더 나은 환경에서 일을 할 수 있게 되었습니다. 그러나 그걸로 충분할까요? 오늘날 노동환경은 아무런 문제가 없을까요? 오늘은 다양한 노동환경에 대해 살펴보고, 그 환경에서 작업하는 노동자들의 입장을 헤아려 보는 활동을 할 것입니다."

활동에 대한 안내를 한 후 학생들에게 수업자료방에 접속하여 어떤 사건을 배경으로 시를 쓸지 기사를 먼저 선택하도록 했다.

수업 활동 다양한 노동현장 기사를 읽고 시 쓰기

수업자료방에는 학생들이 마음에 드는 기사를 고를 수 있도록 기사 목록들을 올려 두었다. 택배 노동자, 경비 노동자부터 방송, IT, 게임업계 노동자까지 최대한 다양한 노동현장의 이야기가 담긴 기사들로 구성했다. 노동인권수업을 하다 보면 산업재해나 열악한 노동환경은 '능력 없는 사람들'에게 일어나는 일이라거나 '그들처럼 되지 말아야겠다'라고 느끼는 등 잘못된 교육 효과가 나타나는 일이 많기 때문이다. 중학생들이 이해할 만한 용어나 내용으로 작성된 기사를 골라야 한다는 제약이 있다 보니 완벽하게 다양한 직업군으로 구성하기에는 어려움이 있었다. 그래서 다음에는 충분한 자료 조사를 통해 법조계, 의료계 등 사람들이 선망하는 직업의 노동환경도 포함시킬 예정이다.

학생들에게 수업자료방에서 원하는 기사를 골라 읽고, 기사 내용을 제대로 이해했는지 확인하기 위해 육하원칙에 맞추어 기사 내용을 활동지에 요약하도록 했다. 기사는 대부분 육하원칙이 잘 드러나게 작성되어 있어 학생들이 기사의 내용을 이해하고 정리하는 데 큰 어려움은 없었다. 내용을 정리한 다음 기사를 보고 떠올린 노동자의 감정, 그 가족의 감정, 그리고 기사를 읽으면서 느꼈던 나의 감정에 대해 활동지에 작성하도록 했다.

직업	관련 기사
택배 노동자	다산신도시 택배 대란 4개월… 폭염 속 배달하다 화상도 입었다
경비 노동자	인천 60대 경비원 폭언 폭행한 형제…경찰, 수사 착수
배달 노동자	제 목숨 책임지실래요? 비오는 날 배달 재촉은 심하잖아요
발전소 노동자	태안화력 비정규직 고 김용균씨 추모제
정비 노동자	나홀로 작업에 날아간 19살 청년의 꿈(구의역 사고)
현장실습 노동자	18번째 생일 나흘 앞두고 숨진 제주 현장실습 고교생
콜센터 노동자	콜센터 실습생의 죽음
방송 노동자	조연출 사망 사건, 故 이한빛 PD 모친 "그들은 괴물이다"
IT 노동자	'밥 먹듯 야근' IT 하청노동자, 아무도 책임지지 않는 죽음
게임업계 노동자	20대 게임개발자 산재 인정

* 학생들에게 제공할 때는 해당 기사의 링크를 걸어서 바로 내용을 확인할 수 있도록 했다.

저마다 수행 속도의 차이가 있기 때문에 일찍 활동을 마무리한 학생들에게는 자기가 쓸 시의 화자를 지정하고 뒷장에 시를 연습해 보도록 안내했다. 수업을 2차시로 진행한다면 여기서 1차시를 끊어 주면 좋다.

연습시를 쓰기 전에 모둠별로 책 『그 쇳물 쓰지 마라』(제페토, 수오서재)에서 발췌한 시 6편과 시집을 2권씩 나누어 주었다. 처음 해 보는 활동에서 모방할 수 있는 예시 자료는 학생들이 결과물의 형태가 어떠해야 할지 미리 예상하는 데 도움을 주기 때문에 많이 제공해 주면 좋다. 이 수업의 경우에는 국어 선생님들의 지

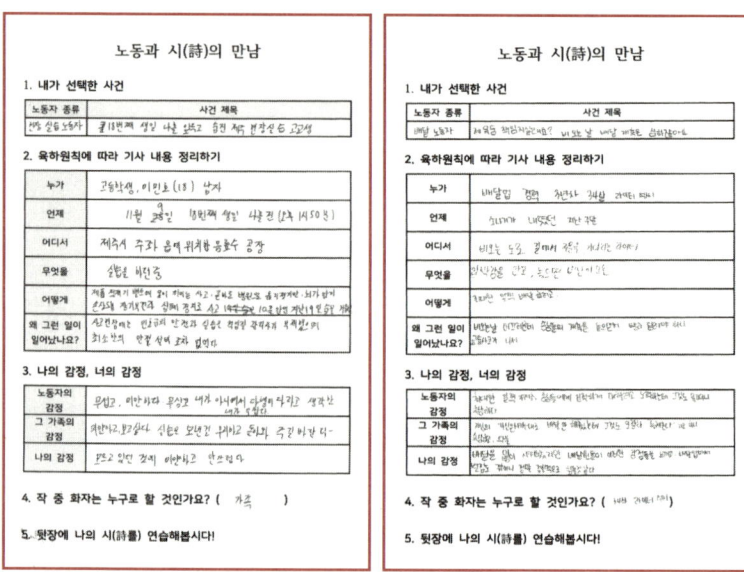

▲ 노동과 시의 만남 수업에서 학생들이 작성한 활동지

원을 받아 3학년 선배들이 썼던 창작시와 모방시를 예시 자료로 나누어 주었다. 3학년 선배들이 작성한 시는 그림과 시가 혼합된 창작시 또는 모방시였고 이 수업 또한 그림과 시를 혼합된 형태로 했으면 좋겠다고 학생들에게 권유했기 때문에 선배들의 작품이 큰 도움이 되었다. 잘 만들어진 시집보다는 같은 학교 선배 작품에 더 큰 관심을 보였다. 교사는 학생들이 예시 자료를 검토하는 동안 교탁에 다양한 색깔의 색지를 진열하고 기다리면 된다.

제출용 색지에 자기의 시를 작성할 준비가 되면 자유롭게 앞에 나와 마음에 드는 색깔의 색지를 가져가도록 했다. 가져간 색지를

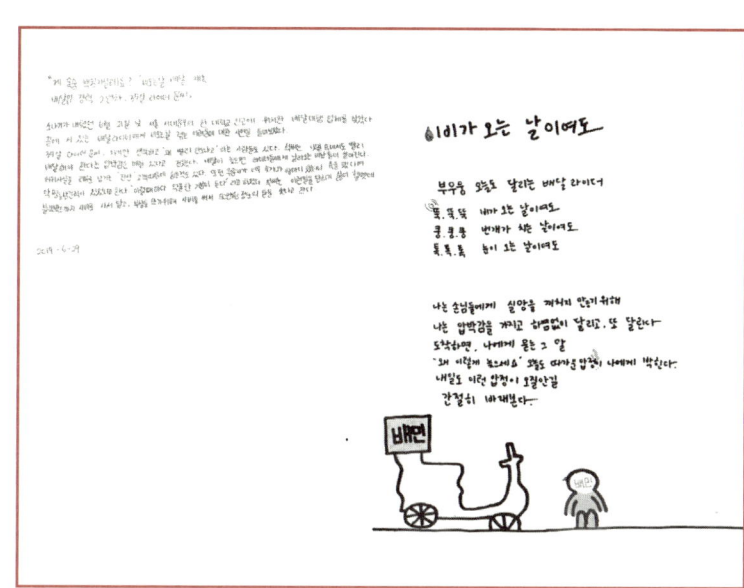

▲ 학생이 직접 쓴 시와 그림

반으로 접어 왼쪽에는 기사를 요약하여 작성하고 오른쪽에는 본인의 창작시를 작성하도록 안내했다. 할 수 있다면 시의 느낌을 잘 표현할 수 있는 그림을 곁들이면 좋겠다고 덧붙였다.

국어 수업이 아니기 때문에 표현법에는 제한을 두지 않았다. 시를 어떻게 써야 할지 막막한 학생의 경우 예시 자료를 이용하여 모방시를 써도 좋다고 했다. 안내가 끝나자마자 학생들은 창작시를 쓰는 데 몰입했다. 대부분의 학생들이 예시 자료를 거의 참고하지 않고 자기만의 시를 써 내려갔다.

시를 완성하면 모두 칠판에 게시하도록 했다. 형형색색의 학생시 앞에서 학생들과 교사가 함께 자유롭게 돌아다니며 시를 감상했다. 5분에서 10분 정도의 감상시간을 가진 후 학생들에게 인상 깊었던 내용, 구절에 대해 질문했다. 학생들이 자신의 의견을 잘 말하지 않는 분위기일 때는 교사가 먼저 자신의 감상을 말한 다음 가장 인상 깊었던 시나 구절, 내용에 대해서 질문한다.

"배달원 이야기요. 저희 오빠가 배달 알바를 하고 있는데 혹시 오빠한테 사람들이 재촉할까 봐 걱정됐어요."

"저는 급성 심장마비로 사망한 IT 개발자 이야기가 너무 슬펐어요. '앞뒤 양옆을 둘러봐도 아무도 없는 이 밤'에 혼자 일하다 죽은 모습이 너무 안되어 보였어요."

"저는 게임업계 이야기요. '크런치모드'에 대해 전에 들어 본 적이 있어서요. 그게 이런 것이구나 싶었어요."

학생들과 감상을 나눈 후 수업의 목표나 수업의 의미에 대해 강조한 후 수업을 마무리했다.

"우리가 학교에 있는 동안 여러분 부모님은 노동현장에서 일하고 계시겠죠? 여러분의 부모님이 일하는 환경이 안전했으면 좋겠고, 언젠가 여러분이 생계나 꿈을 위해 노동현장에 나갈 때 지금보다 나은 환경에서 일을 할 수 있었으면 좋겠습니다. 그렇게 사회가 점차 개선되어 가려면, 많은 사람들이 지금 우리가 한 것처럼 다른 사람의 환경과 입장에 관심을 가지고 문제를 해결하려는 태도를 가지는 것이 필요하지요."

> 수업 후기 / 시를 통해 노동인권 감수성을 기르다

 나는 수업을 구성할 때 세 가지를 가장 중요하게 여긴다. 첫째 수업이 학생들에게 의미 있는 경험을 제공하는가? 둘째 학생들이 싫어하지 않는가? 셋째 교사가 진행하기 편한가? 이 수업은 이 세 가지를 모두 충족하는 수업이었다.

 첫째는 교사라면 누구나 목표로 하고 있는 부분일 것이다. 자기 수업이 무의미하기를 바라는 교사가 어디 있겠는가. 딱딱한 내용이라도 본인들에게 의미 있게 다가오는 내용이면 학생들은 눈을 반짝이며 수업에 집중한다. 그런 모습을 보면 모든 수업을 최대한 학생들에게 의미 있는 경험으로 구성하고자 노력하게 된다.

 둘째로 학생들이 수업을 싫어하면 아무리 좋은 내용을 가르쳐도 그들은 듣지 않는다. 수업을 좋아하기는 어렵지만 적어도 학생들이 수업을 거부하고 싶은 마음이 들지 않도록 하는 것이 필요하다. 사실 시를 쓰는 수업을 소개할 때 아이들이 오글거린다고 싫어할까 봐 걱정되었다. 그런데 아이들은 생각보다 시를 잘 쓰고 시 쓰기를 좋아했다. 중학교 2학년이 감상적인 짧은 글을 SNS에 많이 남기는 나이여서 그런지도 모른다. 아무튼 아이들이 시 수업을 좋아하는 것이 신기했다.

 셋째도 굉장히 중요한 부분이다. 아무리 좋은 수업이라도 교사 자신이 너무 힘이 들면 다음 해에는 그 수업을 안 하게 된다. 고통스러운 경험을 반복하고 싶지 않기 때문이다. 이 수업은 다양한 기사를 마련하는 것이 조금 까다롭긴 하지만 정작 수업에서는 자료와 색지를 제공하고, 학생들의 활동을 지켜보면 되니 교사 입장에서도 거부할 이유가 없다.

　이 수업은 국어 교과와 융합 수업으로 진행해도 좋을 것 같다. 사회 교사는 학생들과 노동문제를 좀 더 깊이 있게 다루고, 국어 교사는 시 창작을 지도하면 수업 목표를 보다 효과적으로 달성할 수 있을 것이다.

우리 사회는 **노동자**를 어떻게 바라볼까?

김포에 있는 종합고등학교에 근무하면서 '노동'에 대해 고민하기 시작했다. 많은 학생들이 하교 후에 아르바이트를 하고 있었으나 대다수는 아르바이트생들이 어떤 권리를 가져야 하는지 모르고 있었다. 특성화과 1학년 학생들 수업을 하면서 아르바이트 실태조사를 하고 노동권 관련 내용을 찾아 두 달여간 수업을 진행해 보았다. 다음 발령지는 고양시의 한 중학교였다. 본격적인 노동 관련 수업을 기획하고 실천했던 학교이다. 노동의 의미와 중요성을 근본적으로 탐색하기 위해 모둠별로 '노동자'에 대하여 자유롭게 표현하고 토론하는 활동을 해 보았다. 현재 근무하는 화성시의 중학교에서는 '노동자'에 대한 인식을 알아보고 미디어가 다루고 있는 노동문제에 대한 프레임을 비교해 보는 수업을 계획했다. 그리고 전태일이라는 인물에 대해 알아보며 노동의 의미를 이해하는 시간을 가졌다.

- 청림중학교 교사 **김현진**

우리 사회의 노동 인식

| 도입 | 청소년에게 필요한 현실성 있는 수업

학교에서 만났던 학생들은 대부분 사회 과목이 외울 내용이 많다고 싫어한다. 그래서 일상에서 쉽게 접할 수 있거나 시의성 있는 이슈 중심의 수업을 자주 하는 편이다. 교과서에서 제시하지 않거나 분절되어 있는 요소를 연결해 재구성하기도 한다. 이때 노동을 소재로 가져와 노동인권수업을 기획해 보는 것이 좋다.

'노동'을 가르치는 것이 이제는 당연한 사회가 되어 가고 있다. 이런 변화가 반갑기도 하지만 한편으로는 두렵기도 했다. 노동을 소재로 한 수업을 해 온 지도 벌써 6년이 지났다. 처음 시작할 당시에는 소수의 선생님들 외에는 학교에서 '노동'을 가르치는 것에 대한 고민을 하지 않을 때였다. 청소년, 학생이 노동 현장에 발을 들일 수밖에 없는 현실이 엄연히 존재하고 있었지만 그들은 어디서도 자기 권리에 대해 배울 수 없었다. 그러나 이제는 기본 교양 차원의 노동인권교육이 많은 지역과 선생님들에 의해 실시되고 있다.

신규 발령을 받고 교사가 되었을 때 10년 만에 교사라는 신분으로 돌아간 학교는 완전히 달라져 있었다. 학교 형태 또한 보통과(예전 인문계)와 특성화과(예전 실업계)가 혼합되어 있는 종합고등학교였다. 나는 보통과 몇 학급과 특성화과의 기계과와 전기과 1학년 수업에 들어가게 되었다. 기계과와 전기과는 대부분 남학생들로 구성되어 있었으며 여학생은 수가 적었다.

아이들은 대부분 수업을 듣지 않았고, 엎드려 자거나 멍하니 앉아 있거나 했다. '수업을 하는 게 원래 이렇게 힘든 건가?', '이게 말로만 듣던 교실 붕괴의 현장인가?', '나의 부족함 때문인가?'라는 자책과 자괴감에 괴로워하며 몇 달을 보냈다.

그러다 차츰 환경이 변하기만을 기다릴 수는 없다는 생각에 스스로 변하기로 마음을 먹었다. 학생들에게 정말 필요한 수업이 뭘까 고민하며 아이들의 요즘 관심사는 무엇인지, 방과 후에 주로 무엇을 하는지 알아보았다. 전문 분야를 더 배우거나 자기 계발을 하고 싶어도, 단순히 취미나 여가를 즐기고 싶어도 결국 돈이 필요했다. 그러다 보니 많은 학생들이 아르바이트를 하고 있었으며, 경험이 있거나 할 계획이 있었다. 나는 '이거다!' 싶은 생각에 부지런히 학생들의 아르바이트 실태를 조사하고 노동권 관련 수업 자료를 찾았다.

교과서에 나오는 개념은 아이들이 이해하기 매우 어려웠고 자신들의 삶과 연결시키기에는 수준이 맞지 않아 외면해 왔을 것이다. 그래서인지 눈높이에 맞는 수업을 진행하니 딴짓을 하던 아이들도 수업에 집중하는 모습을 보여 주었다.

아르바이트 상황에 적용할 수 있는 노동권 관련 수업 이후 아이들과 조금이나마 소통할 수 있게 되었다. 그리고 얼마 뒤 한 학생이 일을 했는데 임금을 못 받고 있다며 도움을 요청했다. 관련 내용을 수업에서 다뤘지만, 막상 현실의 문제에 부딪히니 내가 무엇을 해야 할지, 학생에게 어떤 조언을 해 줘야 할지 난감했다. 교과서에서 제시하는 해결책은 관련 기관에 신고하는 것이었다. 하지만 대학생 때 비슷한 일로 마음고생을 한 적이 있기에 고민을 거듭하다 학생과 함께 직접 찾아가기로 했다. 유명 프랜차이즈 빵집이었다. 학생을 대신해서 사장님에게 일을 시켰으면 돈을 주셔야 한다고 말하니 "당신이 뭔데?"라는 말이 돌아왔다. 이 말이 지금의 나를 만들었다. 빵집 사장은 욕설이 섞인 심한 말을 퍼부으며 불만을 드러냈지만, 그 일이 있고 한 달 뒤 학생은 밀린 임금을 받을 수 있었다.

근로기준법에는 최저임금, 근로시간 등 기본적으로 노동자와 사용자 간에 준수해야 할 사항이 명시되어 있다. 하지만 '근로기준법 준수'를 외치며 산화했던 전태일이 떠난 지 50년이 다 된 지금도 여전히 나이 어린 학생들 앞에서는 법의 보호막이 흐릿해지는 듯하다.

| 수업 열기 | 우리 사회의 노동 인식에 의문을 품다

이 사건 이후 나는 지속적으로 노동문제에 깊은 관심을 갖게 되었으며 학교에서 아이들이 노동에 대한 거부감을 느끼지 않도록, 선생님들이 '노동'을 수업 주제로 다룰 수 있도록 돕는 활동을 하고 있다. 좋은 법과 제도를 만드는 것도 중요하지만 그것이 실현되려면 사람들의 인식이 변하고 관련된 문화가 든든히 뒷받침되어야 한다. 그러한 변화에 조금이나마 조력하고 싶은 마음으로 수업 시간에 '노동'을 가르치기 시작한 것이다.

하지만 아르바이트를 하는 학생들에게 도움이 되도록 노동자의 권리 중심으로 수업을 진행하다 보니 다루는 내용의 폭을 넓히기는 어려웠다. 그래서 중학교로 옮긴 뒤에는 아쉬웠던 점을 보완하여 노동의 의미와 중요성을 근본적으로 탐색하는 수업을 하고 싶었다.

이런 고민을 하던 중 특성화고등학교에 근무하면서 노동교육 동참을 적극적으로 권유하고 있던 장윤호 선생님의 수업을 알게 되었다. 노동자에 대한 이미지를 그려 보고 그 이유를 함께 공유하는 수업이었다. 그림을 그리는 활동이 포함되어 있어 교사나 학생 모두 부담 없이 진행할 수 있었다.

> 수업 활동 　노동자 이미지 그리기

고양시의 중학교에서는 2차 지필평가(기말고사)와 방학 사이의 기간을 취약 시기로 보고 특별한 활동을 권장하고 있었다. 대부분의 선생님들은 바쁜 진도 때문에 보여 주지 못했던 다양한 영상 자료를 보여 주고 있었다. 나는 좀 더 도움이 되는 수업을 해 보기로 했다. 바로 '노동자 통상관념' 수업이었다.

모둠별로 4절지를 제공하고 '노동자'라는 말을 들었을 때, 즉각적으로 떠오르는 노동자의 모습을 종이의 3분의 2 정도로 자유롭게 그려 보도록 했다. 오랫동안 생각하지 말 것, 그림의 형태나 색상을 자유롭게 해도 좋다는 점을 강조했다. 그리고 그림이 어느 정도 완성되면 남은 공간에 그런 이미지가 떠오른 이유를 토의해서 작성하게 했다.

요즘 중학생들은 긴 글을 읽기 힘들어 한다. 문자로 세상을 독해하던 시대가 지나가고 있는 것이다. 대신 그림, 영상에 대한 해석은 어떤 세대보다 뛰어난 능력을 발휘한다. 그래서 노동이나 노동자에 대한 생각을 글보다 이미지로 표현하도록 한 것이다.

〈그림 1〉은 2015년 고양시의 중학교 1학년들이 그린 이미지 중 일부이다. 많은 모둠에서 '안전모, 늙고 병든 모습, 청소하는 할머니, 초라한 행색의 외국인 노동자'를 비롯하여 이와 유사한 이미지를 떠올렸다. 아이들이 주변에서 마주치는 노동자에 대해 부정적

▲ 그림 1_ 2015년 중학교 1학년이 그린 노동자

인 이미지를 가지고 있다는 점, 그리고 그러한 모습이 자신의 미래가 되지 않았으면 하는 인식을 갖고 있다는 것을 알 수 있었다. 어렸을 때부터 노동에 대해 제대로 배운 적이 없기 때문에 이 결과는 예상한 바와 크게 다르지 않았다. 이 수업 이후에도 같은 주제로 노동의 의미를 알아보고, 노동자의 일반적인 정의를 확인했지만 기존의 부정적인 인식을 뒤엎는 근본적인 변화가 생기는 것은 아니었다.

 나는 우리 사회를 구성하는 시민 대부분이 노동자임에도 불구하고 노동자라는 정체성에 대한 거부감이나 저항감이 생기는 이유가 무엇인지 알고 싶었다. 그래서 다음 활동으로 '부모님 인터뷰 하기'를 시도했다. 부모님의 인식이 자녀들에게 영향을 미치지 않았나 하는 생각에서였다. 학생들이 모둠을 이루어 부모님 섭외와 질문지 작성 등의 활동을 진행했다. 인터뷰 대상이 된 부모님 대부분이 사전적 의미에서는 노동자로 포함되었다. 그러나 정작 인터뷰를 진행한 부모님 중에서 노동자의 정확한 의미를 알고 자신 또한 노동자라고 말한 비율은 절반 정도에 불과했다. 나머지는 노동자를 다소 부정적인 이미지로 인식하고 있었다. 이런 모습이 자녀들에게 어느 정도 영향을 끼쳤으리라 추측하게 되었다.

2016년과 2017년 대학원 파견을 다녀온 뒤 화성시의 신설 학교로 발령을 받았다. 다시 중학교 1학년 수업을 맡아 4년 전 시도했던 같은 수업을 진행해 보았다. 수업을 준비하면서 현재 중학교 1학년은 어떤 결과가 나올지 궁금했다. 지난 4년 동안 정권이 바뀌고 '노동'에 대한 이슈들이 많이 제기되었으며, 그나마 역대 정부 중 가장 '노동친화적'인 정책을 제안하고 있었기 때문이었다. 여기저기서 많은 것을 흡수하는 10대이기에 학생들에게도 조금은 변화가 있으리라 생각했다.

4년 전과 비교해 보았을 때 학생들은 '노동자'라는 단어를 듣고 더 다양한 이미지를 떠올렸다. 물론, 여전히 많은 모둠에서 예전과 유사하게 육체노동, 힘든 모습, 안전모, 파업 등 부정적인 인식을 드러냈지만 작은 변화는 감지할 수 있었다.

▲ 그림 2_ 2019년 중학교 1학년이 그린 노동자 이미지

　노동자에 대해 부정적 이미지를 표현했던 모둠의 발표 내용은 다음과 같았다.

　"노동이란 단어를 생각하자 힘들게 일하는 사람이 떠올랐고 힘들게 일하는 사람을 생각하면 광부가 떠올랐습니다."

　"노동은 몸으로 하는 힘든 것, 돈이 없고, 열악한 환경, 남자들이 하는 것입니다."

　"노동자를 떠올리면 고된 곳에서 열심히 일하며 힘든 삶을 사는 모습이 그려집니다. 노동자는 부정적인 이미지를 떠오르게 합니다. 그래서 아무도 노동자가 되고 싶지 않을 것 같습니다."

그중 단순히 부정적인 이미지를 떠올리는 데 그치지 않고 그렇게 생각하는 원인을 분석하는 모둠이 있었다.

"노동자에 대한 편견에는 '학업에 충실하지 않았던 어른들이 하는 직업', '학창시절을 불량하게 보냈으므로 성격도 난폭할 것', '나이를 먹어 직장을 잃은 노인들이 하는 일', '직장을 찾기 전 돈을 벌기 위해 겨우 억지로 하는 직업' 등이 있습니다. 이런 인식이 생긴 이유는 어른들이 '노동자는 공부 안 한 사람들이나 하는 직업이다' 또는 '너는 공부를 하여 노동자 같은 사람은 되지 않았으면 좋겠다'는 식으로 말했기 때문인 것 같습니다."

"노동자를 생각했을 때 부정적인 이미지가 떠오르는 이유는 사람들의 잘못된 생각과 시선, TV나 휴대전화 등 대중매체에서 노동자를 동정하는 듯한 보도의 영향이 있다고 생각합니다."

4년 전에 비해 '아동노동'을 말하는 모둠의 비율도 늘었다. 〈그림 2〉에서처럼 '축구공'의 이미지를 표현한 학생들이 많아졌다.

"노동자를 생각했을 때, 축구공이라는 이미지가 떠올랐습니다. 노동자 중에서는 아동노동자들이 있는데 이들은 임금도 받지 못하고 축구공을 만듭니다. 아동노동자의 상황과 고난을 생각하며 축구공을 표현했습니다."

학생들에게 물어보니 초등학교 때 아동노동 관련 수업을 받은 경험이 있었다고 했다. 세계시민교육이 강조되면서 '아동노동' 수업을 많이 진행하고 있다고 한다. '노동'이라는 단어가 다뤄진다는 점에서는 큰 변화라고 생각할 수 있지만, 여전히 '동정'이나 '시혜'라는 시각에 머물고 있다는 아쉬움이 들었다.

비록 소수이기는 했지만 불쌍하니 도와줘야 한다는 인식을 넘어선 내용을 보여 준 모둠도 있었다.

▲ 그림 3_ 노동자를 동료 시민으로 존중해야 한다고 표현한 이미지

〈그림 3〉은 불쌍하니까 도와줘야 한다는 시혜적 관점이 아닌 누구나 우리 사회의 동료이기에 서로 존중해야 한다는 시민의 모습을 보여 주고 있다.

"육체노동과 감정노동이 생각났습니다. 둘 다 같은 사람임을 뜻

하기 위해 하나의 하트로 연결했고, 노동자로서 존중받을 필요가 있다고 생각하여 사람처럼 팔, 다리를 그리고 중앙에 '남의 집 귀한 자식'이라는 말을 써 넣었습니다."

나중에 안 것이지만 '남의 집 귀한 자식'이라는 표현은 한 광고에 나오는 문구였다.

> **수업 후기** 노동자에 대한 부정적인 인식을 떨쳐 내기 위해

노동자를 누군가의 소중한 가족이자 마땅히 귀한 대접을 받아야 할 존재로 보는 관점이 널리 공감을 얻는 것을 보니 갑질 문제라는 큰 이슈가 제기된 이후 사회 인식도 어느 정도 변하고 있음을 알 수 있었다. 사회에서 독립된 '나'로만 존재하는 것이 아니며, '우리'라는 틀 속에 '나'만 있는 것이 아니라 '너'와 함께 동반자로 살아간다는 것을 학생들도 알고 있었던 것이다.

한두 번의 수업만으로 우리 사회가 '노동'에 대해 가지는 거부감이나 부정적인 인식을 모두 떨쳐 낼 수는 없을 것이다. 하지만 조금씩 달라져 가는 인식과 문화를 확인하니 희망을 품을 수 있었다. 법과 제도가 현실에서 살아 숨 쉴 수 있도록 관련 수업을 지속적으로 시도해 보고 싶은 용기를 얻었다.

미디어 속 **노동과 프레임**

> **수업 열기** 미디어가 노동문제에 씌운 프레임

대부분의 사람들은 사회에서 벌어지는 현상을 어떻게 인식하고 판단할까? 직접 목격하거나 그것과 관련한 기본 배경 지식이 있지 않은 이상 미디어를 통해 접하는 대로 인식할 수밖에 없을 것이다. 그런데 모든 미디어는 100% 사실만을 전달하는 것이 아니라 나름의 분석과 해설을 곁들여 뉴스를 가공한다. 그러다 보니 특정 미디어의 보도를 그대로 받아들여 특정한 방향으로 판단하거나 자신이 선호하는 미디어의 정보만 옳다고 인식하는 양상이 뚜렷해지고 있다. 미국에서는 지지 정당이나 이념 성향에 따라 뉴스, 드라마, 예능 시청까지 달라지는 등 뉴스와 정보 편식이 심각해지고 있다고 한다.

우리나라도 예외는 아니다. 어른, 아이 할 것 없이 손에서 잠시도 놓지 않는 스마트폰으로 항상 자신이 원하는 정보를 찾아낸다. 그리고 인터넷 뉴스에 댓글을 달거나 뉴스를 퍼 나르며 실시간으로 여론을 형성하기도 한다. 물론 시민으로서 여론 형성 과정에 참여하는 것은 바람직하지만 시민 의식이 충분히 성숙하지 못한 사회에서는 '외국인 혐오', '지역 혐오'와 같이 특정 프레임이 무의식적으로 강화되는 일도 자주 발생하고 있다. 노동과 관련해서도 마찬가지이다. 그래서 이번에는 미디어가 노동문제에 적용하는 프레임을 비교해 보는 수업을 기획했다.

수업을 기획하던 당시 '톨게이트 노동자 문제'가 뉴스에서 많이 다뤄지고 있었다. 관련 신문 기사를 찾아보던 중 흥미로운 점을 발견했다. 두 신문사가 동일한 사진 아래 상반된 관점을 기술하고 있었던 것이다. 왜 제목과 기사 내용이 다른지를 분석하고, 노동문제 또한 관점에 따라 다른 인식을 가질 수 있음을 알려 주고 싶었다.

사회 수업은 일주일에 두 시간씩이기에 2차시 수업으로 준비했다. 하지만 결과적으로 총 3시간을 할애할 수밖에 없었다. 학생들의 배경 지식 부족과 신문 기사 속 어려운 단어 때문이었다.

수업 활동 🔍 표제가 다른 신문 기사로 비교하는 미디어의 의도

두 신문 기사가 똑같이 싣고 있는 사진을 화면에 띄워 놓았다. 톨게이트 노동자들이 바닥에 거의 눕다시피 시위를 하고 경찰이 주변을 둘러싼 사진이었다. 그런 다음 두 신문 기사의 표제와 핵심

▲ 톨게이트 노동자들이 시위하는 모습

요약본도 활동지에 제공했다. 보통 미디어 리터러시 교육에서는 상반된 관점의 신문 기사를 분석할 때 두 기사를 모두 읽고 둘 사이의 공통점과 차이점을 찾도록 한다. 하지만 이번에는 기존의 방식과 조금 다르게 해 보았다.

한 학급을 여섯 모둠으로 나누어 1·3·5모둠은 A 신문 기사를 제공하고, 2·4·6모둠은 B 신문 기사만 제공해 각각 분석하도록 했다. 이렇게 활동한 의도는 실제로 사람들은 의도적이든 아니든 하나의 미디어만을 지속적으로 접할 가능성이 높기 때문이다. 우리가 주체적으로 사회현상을 판단하고 해석하는 것이 아니라 누군가에 의해 설정된 '프레임'에 의해 인식하고 있다는 것을 알게 하는 것이 수업의 목적이었다.

활동 시작 전에 함께 사진을 보며 크게 세 가지 질문에 대해 이야기를 나누었다. 질문은 다음과 같았다.

- 사진 속 사람들은 누구일까요?
- 사진 속 사람들은 무엇을 하고 있나요?
- 사진 속 사람들은 왜 저런 행위를 하고 있을까요?

질문은 단계적으로 제시했다. 단순히 사실을 확인하는 차원에서 시작해 사진에 담긴 의미까지 파악할 수 있도록 한 것이다.

사진에 담긴 모습은 분절적이고 단층적인 차원에서 바라볼 수밖에 없다. 중학교 1학년 학생들은 아직 복잡한 시스템을 이해하기는 힘들다. 사회현상에 지속적으로 관심을 갖고 뉴스를 보거나 주도적으로 찾아보지 않는 이상 미디어에서 제시하는 해석을 거의 100% 그대로 수용한다. 그래서 미디어 리터러시는 중요한 교육적 의미를 갖는다. 리터러시(literacy)는 문자 그대로 '문해력'을 뜻한다. '미디어 리터러시'는 미디어를 사용할 수 있는 능력 이상을 의미한다. 미디어 속에 존재하는 수많은 정보를 그대로 받아들이는 것이 아니라 비판적으로 수용하고 생산해 낼 수 있어야 미디어의 홍수 속에서 문해력을 갖출 수 있다. 오늘날은 인터넷이 매우 발달해 검증되지 않은 정보들이 넘쳐나고 있다. 사실이라고 생각하는 정보가 진실이 아닐 수 있기에 현대 사회에서는 현상을 판단하는 데 있어서 미디어 리터러시가 중요하다고 할 수 있다.

사진에서 확인할 수 있는 것은 조끼를 입고 누워 있는 사람들과 그들을 둘러싸고 있는 경찰들의 모습이다. 학생들은 어렵지 않게 그들이 농성이나 시위를 하고 있다고 대답했다. 장소에 대해서도 물어보았다.

- 이곳은 어디일까요? 어떤 장소에서 벌어지고 있나요?

학생들은 달리는 차들을 보며 도로 위라고 대답했다. 학급마다 한두 명씩은 정확한 장소를 언급했다.

"얼마 전에 부모님이랑 뉴스 보다가 봤어요. 고속도로 요금소라고 했어요. 그리고 요금 받는 분들이 파업을 해서 벌어진 일이라고 했어요."

요즘 학생들은 뉴스를 보지 않는다. 볼 시간이 없다고 말하는 것이 정확할 것이다. 간혹 뉴스를 본다는 학생들이 있는데 이 학생들은 사회현상에도 관심이 많아 사회 수업 내용을 관심 있게 듣거나 질문을 하기도 한다. 이런 학생들이 많으면 사회 교사 입장에서는 수업 진행이 한결 수월하다. 하지만 현실은 그렇지 않기에 교사들의 역할이 더 중요한 것이다.

나는 학생들의 '프레임' 형성에 미치는 영향을 최소화하기 위해 노력하며, 배경을 설명했다. 그런 다음 세 단계로 진행했다. 첫 번째는 모둠별로 받은 신문 기사를 읽은 후 '노동조합', '파업', '시위'

라는 단어에 대한 느낌을 표현하는 것이다. 일반적으로 이 단어는 노동현상이나 문제에 대해서 사람들이 쉽게 떠올리는 이미지이기도 하다. 개인적으로 형성되어 있는 인식 틀이 어떤지 또는 어떻게 형성하는지를 알아보는 데 있어서 의미 있는 단어이다.

두 번째는 기사를 분석하고 발표하게 했다. 활동지에 기사의 핵심 내용을 제시했지만 이와 별도로 기사 내용을 육하원칙에 따라 분석하고 강조점을 찾아보았다. 그리고 A 신문 모둠이 기사 분석 내용을 발표하면 B 신문 모둠은 잘 듣고 자신들과의 관점 차이를 파악하는 방식으로 진행했다. 동일한 사진을 두고 다른 뉴스가 만들어지고 각각의 뉴스를 접한 사람들이 어떤 생각을 갖게 되는지 알게 하는 데 목표가 있었다.

세 번째 활동은 제목 만들기였다. 모둠별로 4절지에 기사 제목을 새로 지어 보도록 했다. 종이 신문 대신 포털 사이트에서 기사를 접하는 비율이 높아진 우리 사회에서는 대부분 기사 제목만 보고 읽을지 말지를 정하고 있다. 그래서 직접 제목을 지어 보며 미디어 환경에 언론사가 대응하는 방법을 생각해 보도록 했다.

제목과 서두 내용만으로도 해당 신문사의 관점이 드러났다. A 신문 기사는 제목에서 출근길이 마비되었다는 것을 강조하고 있다. 기사는 도로 정체 때문에 회의에 지각한 사람의 말을 인용하여 일반 시민이 피해를 입었다는 내용을 서두에 배치했다. B 신문은 제목에 농성의 원인이 회사에 있다는 것을 덧붙였다. 내용에서

톨게이트 막은 톨게이트 노조… 출근길 고속도로 2시간 마비	출근길 고속도 막고 톨게이트 농성… 자회사 고용이 '불씨'
본사 정규직 고용 요구하며 경부 고속도 하행선 서울 톨게이트, 200여명이 6개 車路 기습 점거 "도로 정체로 중요한 회의 지각… 시위 때문이란 얘기 듣고 화가 나"	'자회사 채용도 직접고용 용인' 정부 정규직 전환 정책 근거로 도로공사 '꼼수 고용' 밀어붙인 후 거부한 1400명 계약 해지 관리자 식사 준비, 성희롱 등 직장 차별 견딘 이들에 박탈감

▲ A 신문 기사 제목과 서두 내용
  (1·3·5 모둠)

▲ B 신문 기사 제목과 서두 내용
  (2·4·6 모둠)

도 회사의 고용을 '꼼수'라고 표현하거나 직장 내에서 차별이 심했음을 강조했다. 한 신문사의 기사만 읽는다고 가정했을 때 어떤 프레임을 통해 사회를 보게 될지 알 수 있다.

〈그림 4〉는 A 신문 기사를 제공한 모둠이 활동한 결과이다. 대부분의 모둠이 '노동조합', '시위', '파업'을 '부정적, 불편함, 이기적인 소수, 불법 시위' 등 부정적인 느낌으로 인식했다. 각 단어를 사전적인 의미로 건조하게 풀이한 모둠 역시 구체적인 행위에 대해서는 부정적으로 인식했으며, 제목 짓기 활동에서도 '사회적 폭력'이라는 키워드를 제시했다. A 신문 기사 모둠의 학생이 발표한 내용의 일부이다.

"2시간 동안 톨게이트를 막은 것을 보면, 아무리 자신들의 이익

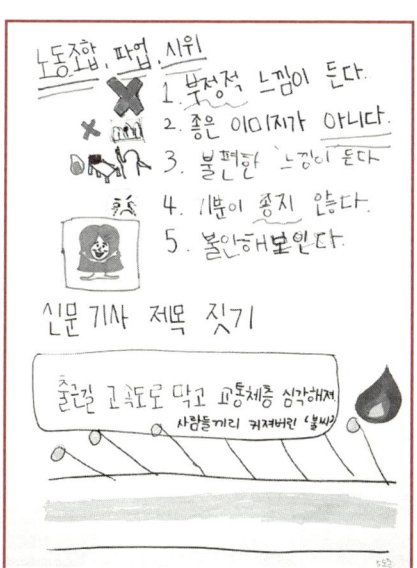
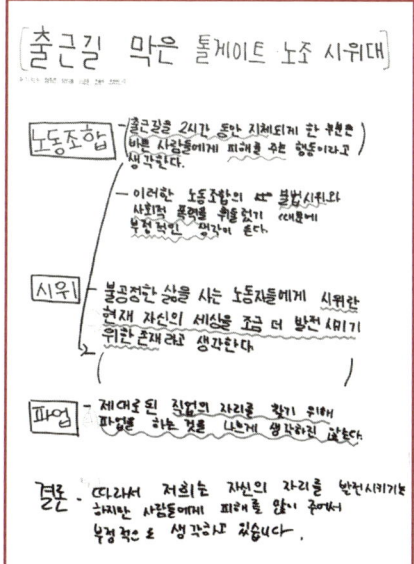

▲ 그림 4_ A 신문 기사를 읽은 모둠이 작성한 활동지

우리 사회는 노동자를 어떻게 바라볼까? _ 109

을 위하는 일이라도 남에게 피해를 주는 행동은 바람직하지 않다고 생각합니다. 또한 자회사 정규직으로 채용한다는 방침에 노조원들이 반대하는 것은 이해하지만 시민들을 불편하게 하고 비논리적으로 시위를 한 것은 잘못되었다고 생각합니다. 남에게 피해를 주면서까지 시위하는 것은 잘못된 것입니다. 설득력 있게 상황을 전달하고 도움을 요청하는 것이 옳은 방법인 것 같습니다."

학생이 세운 논리가 어느 정도 튼튼한지 궁금해서 질문을 해 보았다.

"그러면, 지속적으로 이야기를 하고 요구했는데도 불구하고 받아들여지지 않는다면 어떤 방법을 취할 수 있을까요?"

"그렇다면 시위를 할 수는 있겠지만 그래도 다른 사람들에게 피해를 주면 안 된다고 생각해요."

"시민 중에는 노동자들의 파업이나 시위로 인해 피해가 생기더라도 기꺼이 감수하겠다, 괜찮다는 의견도 있는데 이에 대해서는 어떻게 생각하나요?"

학생은 마지막 질문에는 답변을 하지 못했다. 오히려 내가 몰아붙인 것 같아 미안하다고 하며 자리로 돌려보냈다. 학생과의 대화를 통해 학생들의 사고 범위를 확인할 수 있었다. '나와 너' 차원에서 타인에게 피해를 끼치는 것은 잘못된 것이라는 도덕적 인식이 자리 잡고 있기에 전 사회적인 연대 의식까지는 생각하지 못했던 것 같았다.

그 모둠이 만든 기사 제목은 '한국도로공사와 요금 수납원 노조원들의 실체'였다. 현상을 해석하여 표제를 제시할 때에는 반드시 현상에 대한 가치가 개입될 수밖에 없다는 점을 생각하게 하는 사례였다.

〈그림 5〉은 B 신문 기사를 제공한 모둠의 결과이다. 세 단어에 대한 느낌은 '정당함, 부당함에 대한 표출, 억울함의 표현' 등이었다. 이러한 결과도 A 신문만을 제공한 모둠과 같은 방식으로 현상에 대한 프레임이 작용한 것이다. 제목은 '노조원들의 박탈감, 피해'와 같이 노동조합 입장에서 생각할 수 있는 것들이었고, 노동조합을 '불쌍한 존재', '사회적 약자를 위한 단체'로 인식했다. 또한 회사의 잘못으로 생겨난 문제에 대해 노동자들이 자신의 입장을 표현할 방법으로 도로 점거와 파업을 하게 된 것이라고 말했다. 불평등 문제와 억울함을 호소하고 알리려면 '시위'라는 단체 행동을 선택할 수밖에 없었을 것이라고 이해하고 있었다.

수업을 하면서 궁금한 생각이 들었다. 수업 자료로 B 신문 기사만을 사용했을 때 이를 보고 있는 학부모나 다른 교사들은 나를 어떤 교사로 생각할까? 색안경을 끼고 '나'라는 사람을 판단할 수도 있지 않았을까? 현상에 대한 해석은 다양할 수 있고 현상을 다루는 정보 또한 다양한 것들을 접해야 한다고 평소 생각하고 있었다. A 신문과 B 신문은 모두 회사 측과 노동조합 측의 이야기를 싣고 있었다. 다만, 그 비중이 다르고 기사의 표제를 통해 해당

▲ 그림 5_ B 신문 기사를 읽은 모둠이 작성한 활동지

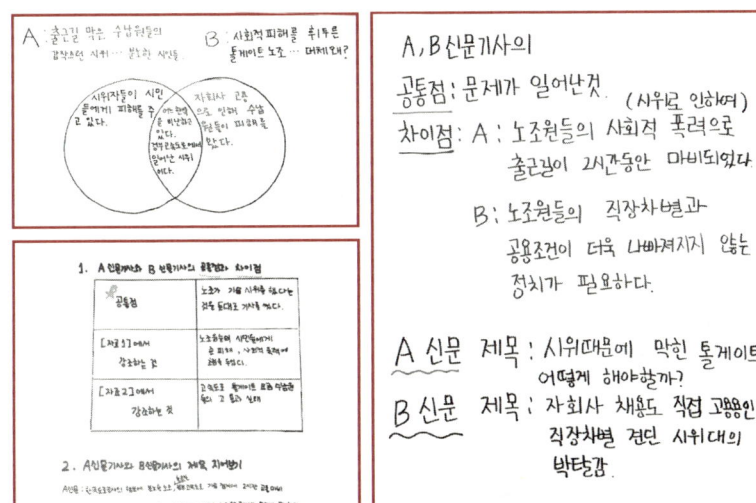
▲ 그림 6 _ A·B 신문 기사의 공통점과 차이점을 파악해 보게 한 활동지

신문에서 말하고자 하는 바를 다르게 강조하고 있을 뿐이었다. 하나의 신문 기사만을 접하고 한 측면의 관점만을 수용하게 되는 학생들의 모습을 보니 수업 자료를 선택할 때 교사가 신중하게 자료를 선정할 필요가 있다는 것을 새삼 깨달았다. 학생들은 스펀지처럼 모든 것을 흡수할 수 있는 존재였다.

각 모둠의 발표를 들은 후에는 두 기사의 공통점과 차이점을 파악해 보도록 했다. 〈그림 6〉에서와 같이 정치적·사회적으로 대립하고 있는 이슈들은 대부분 A 신문과 B 신문의 두 프레임으로 양분된다. 어떤 정보가 진실인지를 판단하는 것은 이제 미디어가 아닌 정보를 수용하는 개인의 몫이 되어 버렸다.

> 수업 후기 　미디어의 비판적 수용을 위하여

사회에서 절대적인 균형이란 존재하지 않는다. 노동과 관련한 이슈들은 관점의 불균형이 존재하는 대표적인 분야이다. 가장 많이 판매되고 규모가 큰 신문사들은 A 신문과 같은 프레임으로 현상을 해석해 독자들에게 전달한다. 이 수업은 A 신문과 같은 관점이 잘못됐다는 것을 학생들이 알게 하는 것이 목적이 아니었다. 노동문제와 관련된 사회현상이 부정적인 모습과 느낌으로 굳어져 버린 까닭을 파악하게 하는 것이 목적이었다. 사회 교과서에는 미디어에 대해 다음과 같이 적혀 있다.

"미디어를 바라보는 바람직한 태도는 미디어를 비판적으로 수용하는 것이다."

노동이라는 주제는 이제야 조금씩 교육과정에서 다루기 시작했다. 중학교 사회 과목에서 제시하는 사회권으로서의 노동자 권리, 현대 사회문제로서의 노동문제 등 언급되는 분량이 다소 늘어나기는 했지만 연결성이 부족하다. 학생들의 생활과 밀접하게 연결되어 있지 않기에 관심을 끌기도 어렵다. 노동인권수업을 기획하고 진행할 때 고민하는 것이 '소재로서의 노동'이다.

미디어 리터러시 교육 차원에서 기획해 본 '톨게이트 노동자 문제'는 수업을 진행하던 시기 갈등이 바깥으로 드러나 사회적으로 상당한 관심이 집중되던 문제였으며 다수의 미디어를 통해 학생들이 쉽게 접근할 수 있는 이슈였다.

 이 수업을 통해 학생들이 노동 현실에 대한 정보를 수용하고 해석할 때 프레임이 작동하고 있다는 것만 기억하고 있어도 교육 과정이 목표로 하는 '미디어의 비판적 수용'이 가능해질 것이다.

과거에서 현재로 이어지는 **전태일**

> **도입** 전태일로 알아보는 현대 사회의 노동문제

1학년 종업을 앞두고 사회 단원은 '현대 사회의 문제'만 남아 있는 상황이었다. 교과서를 보니 현대 사회의 대표적인 사회문제로 '환경문제, 인구문제, 노동문제'를 꼽았는데, 산업화가 진행되면서 임금인상, 노사갈등, 임금차별, 실업문제 등이 발생하고 있으며 비정규직 문제나 고용 불안이 심각한 문제가 되고 있다는 내용이었다.

노동문제를 산업화에 따른 노동자의 권익 침해로 설명하면서 대표적인 노동문제로 노사간의 갈등, 임금문제, 실업문제를 제시하고 있다. 사회 과목에서는 많은 개념과 내용을 다루다 보니 대부분 개념이 피상적으로 제시될 뿐 아니라 수업 시수와 괴리가 크기 때문에 모두 자세히 가르치기는 힘들다. 그래서 학생들에게도 학교에서 배우는 노동문제는 직접적으로 와닿지 않을 것이다. 어떻게 하면 좀 더 가깝고 친숙하게 느낄 수 있을까 고민하던 중 떠오른 인물이 '전태일'이었다. 1학년 사회 수업 마지막 주제로 '전

태일'이라는 인물을 통해 우리나라 산업화 과정을 이해하고 전태일이 사회에 요구한 내용을 알아보며 현대 사회의 노동문제가 어떻게 진행되어 왔는지 생각해 보기로 했다.

> 수업 활동   전태일을 다룬 영상 자료

수업 자료는 주로 영상을 활용했고 활동지 개별 질문에 답변을 작성하도록 했다.

첫 번째로 보여 준 영상은 EBS 지식채널ⓒ의 '평화시장 재단사'였다. 전태일의 삶을 압축적으로 다루며 전태일이 분신이라는 행위를 통해 알리고 싶었던 것과 당시 시대와 노동환경을 간접적으로 이해할 수 있는 영상이었다. 영상에 전태일의 글씨로 "근로기준법을 준수하라. 우리는 재봉틀이 아니다."라는 문구가 나왔다. 전태일이라는 인물에 대하여 조금이라도 알고 있는 사람이라면 떠올릴 만한 문장이었다. 청계천에 즐비하게 들어서 있던 재봉공장에서 열악한 노동환경에 놓여 있던 여동생 같았던 어린 노동자들을 보며 전태일이 느꼈을 감정에 대해 생각해 보는 시간을 가졌다. 그런 다음 전태일이 어떤 사람이었을지 이야기를 나누었다.

"전태일은 용기 있고 책임감 있는 사람이었을 거예요. 잘못된 것을 바로잡으려는 마음이 느껴지거든요."

수업 자료	
영상 자료	– EBS 지식채널ⓔ : 평화시장 재단사(20101108) – tbs TV민생연구소 : 죽음 없는 청년노동자의 삶 가능할까, 전태일 열사 항거 49주기 그 후

질문 내용

- '전태일'이란 사람에 대해 접해 보거나 들어 본 일이 있나요? 없다면, 지식채널ⓔ를 통해 알 수 있는 '전태일'은 어떤 사람일 것으로 생각하나요?

- 1960~1970년대 노동현장에서 볼 수 있는 노동환경에 대한 느낌을 적어 봅시다.

- '전태일'이 분신을 선택할 수밖에 없었던 이유는 무엇일까요?

- 첫 번째 영상과 두 번째 영상을 보고 노동현장의 과거와 현재는 어떻게 달라졌을지 생각해 봅시다.

- 여러분이 오늘날 '전태일'이라면 제도 변화를 위해 어떤 노력을 할지 모둠원들과 토의하고 이야기해 봅시다.

"정의로운 사람인 것 같아요. 당시에 다른 사람들도 근로환경이 좋지 않다고 생각했을 텐데 직접 나서서 자신의 몸을 희생해 가면서까지 노동 상황을 알렸다는 점에서 정말 용감했던 사람 같아요."

"자기 시간도 별로 없었을 텐데 주변 사람들과 자신을 위해 근로기준법에 대하여 요구하고 항의하여 좀 더 나아진 오늘날을 만들어 주셔서 감사한 분이라고 생각해요. 그리고 성격은 착할 것 같아요."

"전태일은 모두의 행복을 위해 자신을 희생하는 사람이에요."

학생들은 대부분 '전태일'을 정의로운 사람, 용기 있는 사람, 우리를 위해 희생한 사람 등으로 생각하고 있었다. 자유학기 주제선택활동 시간에 접한 경험이 있는 학생들이 일부 있었으나 대체로 이번 수업에서 전태일을 처음 만나게 된 학생들이었다. 전태일이 비록 과거의 사람이지만 그의 노력이 현재에도 이어지고 있다는 것을 알려 주는 것이 중요하다고 생각했다. 우리 사회가 역사를 강조하지만 현재와 미래에도 연결되는 통찰을 키우지는 못하고 있어 더욱 강조하고 싶은 부분이었다.

두 번째 영상은 tbs의 '죽음 없는 청년노동자의 삶 가능할까, 전태일 열사 항거 49주기 그 후'였다. 1960~1970년대 노동환경에 대해 생각해 보고 현재 우리 사회의 청년노동자들은 어떤 환경에서 일하고 있는지 비교해 보기 위해서였다. 영상에서는 대표적인 플랫폼 노동자인 배달업 청년노동자의 하루 일정을 다루고 있다. '최근 3년간, 18~24세 오토바이 배달 사고 사망자 32명'이라고 했는데 청년노동자는 학생들이 주변에서 자주 만나는 친숙한 존재이기도 했다. 영상을 보고 노동현장의 과거와 현재는 어떻게 달라졌다고 생각하는지 물었다.

"예전보다는 좀 더 쉽게 일을 할 수 있게 되었어요."

"과거에는 근로기준법이 지켜지지 않아 힘들었으나 지금은 조금 나아졌어요."

"과거보다 나아지기는 했지만, 현재에도 노동환경이 그리 좋지 않은 것 같아요. 전태일의 노력을 기점으로 노동환경이 나아지긴 했지만 수많은 사건·사고들이 여전히 일어나고 있기 때문에 이를 방지할 대책을 마련해야 한다고 생각합니다."

"과거 열악했던 노동환경과 비교해 보았을 때 현재의 근로환경은 많이 좋아진 편이에요. 전태일 같은 사람들에 의해 현재 상황은 매우 괜찮아졌지만 아직도 근로환경이 쾌적한 편은 아니라는 것을 실감했습니다. 내가 직접 일을 하는 입장이 아니라서 들려오는 소문으로만 알고 있었는데 그 실태를 보니 심각하다는 것을 새삼 느꼈어요."

"물론 과거와 비교해 현재 근로환경이 개선된 것 같지만 여전히 모든 노동자들이 만족하는 이상적인 근로환경이 되지는 않은 것 같아요."

물론 소감 중에는 좋아진 측면만을 언급한 학생들도 많았다.

수업 후기 〉 노동에 대한 인식 변화는 사회 변화의 시작

전태일만이 노동문제 해결을 위해 힘쓴 것은 아니다. 지금도 많은 사람들이 환경 개선과 권익 향상을 위해 힘쓰고 있다. 중요한 것은 우리 주변의 노동에 대해 돌아보는 것이다. 제도적 장치를 촘

촘하게 만들어 인권을 보호하는 깃도 중요하지만 미래의 노동자가 되거나 노동자를 고용해 자기 일을 해 나갈 지금의 학생들이 과거와 현재를 연결하여 생각해 보도록 하는 것이 필요하다.

현재 우리가 할 수 있는 것이 무엇인지에 대해서도 질문을 해 보았다. 우리가 지금 전태일이라면 선택 가능한 방법은 무엇이 있을까? 전태일의 방법은 시대적 절실함에서 비롯된 것이었으며 오늘날의 학생들 또한 현대 사회의 문제를 해결해 가야 할 상황에 놓여 있다. 소셜미디어(SNS)를 통한 노력, 청와대 국민청원, 시위 동참 등 방법 또한 학생들이 처한 환경에 맞게 변화할 것이다.

이 수업의 목표는 우리가 과거와 연결되어 있고, 미래로 이어지는 역할을 스스로 해야 한다는 걸 아는 것이었다. 나아가 모두 존중받아야 하는 인권의 주체임을 자각할 수 있기를 바랐다.

노동에 대한 인식이 변화하는 때가 바로 우리 사회의 변화가 시작되는 지점이라고 생각한다. 노동이 우리와 멀리 떨어져 있는 것이 아니라 가까이 숨 쉬고 있음을 느끼게 하는 수업이 많아져야 한다. 학생들이 담아내지 못할 거라고 생각하지만 학교가 준비가 되지 않는 측면이 더 크다. 그러므로 교사할 수 있는 것, 해야 하는 것에 대한 고민과 실천이 필요할 것이다.

특성화고
노동인권수업
도전기

학교 선생님들과 지역 시민단체와 연계해서 '청소년노동인권캠프'를 몇 년간 진행했다. 학교 공문과 지인들을 통해 홍보하고 참가 신청을 받았다. 하지만 이러한 활동은 주로 내가 근무하는 학교 밖에서 이루어졌다. 그러다 학교를 옮기면서 2018년부터는 민주시민교육과 노동인권교육을 융합하는 시도로 창체 동아리 시간에 '민주시민탐구반'이라는 동아리를 만들었다. 동아리의 실제 활동 가능한 시간 20시간 중에서 10시간을 노동인권에 할애했다. 노동인권교육을 5차례 기획하면서 노동의 의미, 최저임금, 노동 3권 알기, 노동과 사회, 건강하게 일할 권리 순서로 진행했다. 노동자에 대한 통상관념 그리기, 동그라미의 비밀, 최소생계비 계산, 상황카드 등 다양한 활동을 진행했다.

— 이천제일고등학교 교사 **장윤호**

학교 속으로 들어온 노동인권교육

도입 노동인권교육이 강화되는 특성화고

학교 현장에서는 점점 노동인권이라는 단어가 자연스럽게 사용되고, 노동인권교육을 하는 것도 더 이상 부담스러워하지 않는다. 이제 주목해야 할 부분은 배우는 쪽, 즉 학생이 얼마나 잘 배우고 있는가 하는 것이다. 내가 근무하고 있는 특성화고등학교는 특히 노동인권교육의 중요성을 실감하고 있다.

경기도교육청은 노동인권교육 진흥 조례 제11조(노동인권교육)에서 '중학교, 고등학교의 장은 재학생을 대상으로 연간 2시간 이상 노동인권교육을 실시한다'라고 규정하고 있다. 특성화고 학생들 중에서 현장실습을 나가는 학생들은 '노동인권 및 산업안전보건 사이버 교육'을 이수해야만 한다. 2019학년도부터는 강의를 들은 후에 평가에 통과해야 하는 것으로 강화되었다. 하지만 이러한 교육이 과연 효과적일까?

학교 선생님들, 지역 시민단체와 연계해서 '청소년노동인권캠프'

를 몇 년간 진행한 적이 있었다. 캠프가 있다는 것을 학교 공문과 지인들을 통해 홍보하고 참가 신청을 받았다. 주최자인 우리가 생각했을 때 캠프에 꼭 왔으면 하는 학생들은 특성화고 아이들이었다. 그런데 늘 그렇듯 신청자 중에 특성화고 아이들은 극히 소수였다. 평소 아르바이트도 많이 하고, 3학년이 되면 현장실습을 나갈 예정이라 더 관심을 가질 법도 한데 말이다. 캠프 일정이 주말이다 보니 아르바이트를 하는 학생들이 많아서 그럴 거라고 스스로 위로했다.

그러던 중 기말고사가 끝나고 방학을 앞둔 어느 날이었다. 뭔가 시작하기에는 시간이 짧고 아이들도 의욕이 없는 시기였다. 진도 부담도 상대적으로 덜하고, 방학을 하면 아르바이트를 하는 학생들이 제법 있으니 매년 이 시기에 노동인권교육을 진행했다. 예년과 마찬가지로 준비한 PPT자료로 이야기를 풀어 나가려 했다. 그런데 대부분의 학생들이 엎드리고 만다. 물론 그 이전에도 노동인권수업을 한다고 해서 모든 학생들이 열심히 귀를 기울였던 것은 아니다. 하지만 그날은 유독 달랐다. 대부분의 학생들이 책상에 엎드렸다. 물론 1교시부터 잠을 자고 있던 학생들도 제법 많았다. 그래도 몇 명이라도 듣게 하려고 소리를 질러보았지만 역부족이었다. 이 수업은 꼭 들었으면 좋겠다고 하며 잠을 자던 한 친구들을 깨웠더니 한 학생이 욕을 하며 다시 잔다.

"그런 거 안 들어도 돼요. 회사 다니다가 짤리면 되잖아요."

실은 맨 뒤에 '요'자도 붙이지 않았던 것 같다. 할 말이 없었다. 그날 이후로 한동안 노동인권수업을 피했고, 하더라도 학교 밖에서 다른 학교 학생들을 대상으로 교육을 하러 다녔다. 교사들을 대상으로 노동인권교육 연수를 진행하면서도 정작 내가 몸담고 있는 학교의 학생들과는 수업을 하지 않았다.

아이들이 쉽게 내뱉은 말이 나를 향한 공격이 아니었을 수도 있다는 걸 안 건 조금 시간이 지난 뒤였다. 아무리 노력해도 좋은 직장에 취직하는 게 어렵다는 좌절감, 아무리 열심히 일해도 어느 날 갑자기 '짤릴 수 있는' 불안정한 노동 현실에 대한 불안과 불만을 제 나름의 거친 방식으로 표현한 것이었을지도 모른다. 그래서 종합고등학교로 옮겨 간 후엔 마음과 의지를 새롭게 다잡았다.

| 수업 준비 | 민주시민탐구반 동아리를 만들다

2018년부터는 민주시민교육과 노동인권교육을 융합하는 시도로 창체 동아리 시간에 '민주시민탐구반'이라는 동아리를 만들었다. 본래 창체 동아리라는 것이 학생들의 관심을 끌기가 어렵다. 거기에 민주시민탐구반이라니 누가 오겠는가? 이런 경우 다른 동아리에 들어가지 못해 오갈 데 없어진 아이들이 오기 마련이다. 동아리 학생 구성은 대부분 특성화고 학급의 학생들이었다. 종합고등

학교라서 보통과 학급 학생들이 들어오길 내심 기대했지만 커다란 오판이었다.

학년 초 민주시민탐구반 동아리에 들겠다고 찾아오는 학생들에게 다짐을 받았다. 일단 동아리 활동 내용을 간략히 알려 주었다. 주제는 어떤 것이며, 활동은 주로 모둠으로 토론, 글쓰기, 발표 등을 하니 잘 생각해 보고 오라며 일단 돌려보냈다. 하루 이틀 지나서 다시 찾아오는 학생들에겐 또 다른 엄포를 놓았다. 동아리 시간에 휴대전화 사용 금지, 잠자기 금지, 딴짓 금지 등은 당연하고, 적극적으로 토론하고, 모둠 활동도 열심히 할 것이고, 발표도 열심히 하겠단 서약도 받았다.

다른 동아리엔 들어갈 수 없게 되어 체념한 몇몇 아이들이 '선생님이 시키는 것을 기꺼이 모두 따르겠노라'며, 1학년 11명의 학생들이 동아리에 가입했다. 물론 열심히 하겠다는 의지는 동아리에 들어와도 좋다는 말이 끝나기 무섭게 사라지고 새로운 전쟁이 시작된다.

2019년은 2018년과는 달리 동아리 활동 중에서 조직, 평가 등의 시간을 제외하고 나면, 실제로 활동할 수 있는 시간은 20시간(주 2시간, 10주) 정도인데, 이 중에서 10시간(5주)을 노동인권에 할애했다. 노동인권교육을 5차례 기획하면서 순서를 아래와 같이 잡아 보았다.

- 노동의 의미
- 최저임금
- 노동 3권 알기
- 노동과 사회
- 건강하게 일할 권리

개인적인 활동과 외부 자료들을 근거로 보았을 때 학생들은 노동에 대해 대체로 부정적인 시선을 가지고 있다. '노동의 의미' 시간에는 지금 내가 만나고 있는 학생들의 생각은 어떤지 알아보고, 노동자에 대해 정확히 해석해 주는 것이 목표였다.

그다음 '최저임금'은 학생들이 가장 솔깃할 만한 주제다. 학생들은 임금 중에서도 특히 최저임금에 민감하다. 최저임금 이야기가 나오면 다른 주제에 비해 관심을 가지고 듣는다. 하지만 노동의 가치를 이야기하는 것은 조금 어렵다. 그래도 최저임금이 얼마인지 우리 사회에서 최저임금의 수준은 어느 정도인지 생각해 보는 시간을 갖도록 하는 것은 의미가 있었다.

'노동 3권'은 단결권, 단체교섭권, 단체행동권에 대해서 알아보는 것이다. 노동 3권은 헌법에 기초하지만, 실제 우리 사회에서 얼마나 보장되고 있는지 의심스럽다. 노동 3권 중에서 가장 기본이 되는 단결권조차 제대로 행사하지 못하고 있는 것이 현실이다. 그래서 노동조합의 현실에 대해서 알아보고자 기획했다.

노동은 우리가 살고 있는 사회와 동떨어져 있는 것이 아니다. 노동자는 노동자로서만 존재하지는 않는다. 때로는 소비자로, 유권자로, 시민으로, 부모이자 가족으로 존재한다. 다시 말하면 우리 모두가 서로 다른 얼굴을 바꾸며 살아가고 있는데, 때로는 그 사실을 망각하고 있는 듯하다. 그래서 '노동과 사회' 시간에 같이 고민해 보고 싶었다.

마지막으로 '건강하게 일할 권리'는 산업재해에 대한 이야기이다. 우리가 일을 하는 이유는 일을 한 대가로 임금을 받아 가족이 행복하게 살기 위함이다. 하지만 일을 하다 다치거나 목숨을 잃으면 한 가정이 파경을 맞게 된다. 산업재해 문제는 생명과도 직결된 사안이라 중요하다. 현장실습을 나가는 특성화고 학생들에게는 최우선적으로 알려 주고 싶은 주제이기도 했다.

아르바이트생도 노동자일까?

수업 열기 노동과 노동자에 대해 알아보기

'노동의 의미' 시간에 다룰 핵심 주제는 '노동이란 무엇인가?', '노동은 중요한 것인가?', '나는 노동자인가?'였다. 노동인권교육에서 가장 중요한 부분이면서 동시에 접근이 가장 어려운 부분이기도 하다. 어찌 보면 아주 간단하고 기본적인 주제인 것 같지만 과거부터 현재까지 학교에서 이런 주제를 다루는 수업은 거의 없다는 점이 참 이상했다.

수업을 준비하면서 스스로에게 질문을 해 보았다.

'정말 노동은 중요한 것인가? 정말 노동은 신성한 것인가?'

우리나라의 기성세대에게 물어보면 거의 모두가 노동은 중요하고, 신성한 것이라고 기계적으로 답할 것이다. 다른 나라도 크게 다르지 않을 것이다. 역사적으로 위대한 인물들도 노동에 대해서 이렇게 말했다.

노동은 가치의 원천이다. - 존 로크

노동은 인간 삶의 방식 그 자체이다. - 칼 마르크스

인간은 노동을 통해 인간이 된다. - 빌헬름 헤겔

노동을 하지 않으면 삶은 부패한다. - 알베르 까뮈

정말 그렇게 노동이 중요한 것이었다면 왜 귀족들은 노동에 적극적으로 참여하지 않았을까? 왜 위정자들은 노동자들이 좀 더 편안하게, 행복하게 살아가도록 환경을 만들고 제도를 정비하지 않았을까?

노동이 중요하다고 인정하더라도 또 걸리는 것이 있다. '모든 노동은 중요한 것인가?' 하는 문제이다. 환경문제를 일으키는 플라스틱을 만드는 노동도 중요한가? 핵무기를 제작하는 데 도움을 주는 노동은? 유전자 조작으로 사람들이 먹을 것을 생산하는 데 이용되는 노동은? 자동화로 인해 많은 일자리가 사라지기도 하는데, 이처럼 일자리를 없애는 데 일조하는 노동은?

비록 답이 없더라도 수업 주제에 대해 약간 회의적인 입장에 서서 이런저런 질문을 던져 보는 시간이 수업을 준비하는 사람에게 꼭 필요하다. 교사가 모든 질문의 답을 다 알지 못한다는 한계를 인정하면 수업 주제에 대한 단정적인 생각이나 입장을 버릴 수 있기 때문이다. 그러면 부담감도 줄고 '우리'가 함께 풀어갈 수 있으리란 긍정적인 전망을 갖게 된다. 지금은 어렵겠지만 언젠가는 내가 고민했던 이런 주제에 대해 학생들과도 이야기 나누게 될 날이 올 것이라 기대해 본다.

수업은 다음과 같이 계획했다. 먼저 노동에 대해 갖고 있던 기존의 생각을 그림을 통해 드러내고 노동자란 어떤 사람들인지 돌아본다. 몇 가지 활동을 통해 노동과 노동자에 대한 정의를 스스로 내리고 최종적으로 '아르바이트생은 노동자인가?'라는 핵심 질문에 답해 본다. 아르바이트생을 노동자라고 생각하는지 아닌지의 여부는 중요하지 않다. 평소 잘 생각하지 않았던 '노동'과 '노동자'에 대해서 생각하고, 고민해 보는 시간을 가지는 것에 의미가 있다.

일부러 2시간 동안 다루기에 조금 벅찰 수 있게 수업을 구성했다. 왜냐하면 수업을 진행하다가 반응이 좋지 않으면 일부 내용을 눈치껏 생략해야 할 수도 있고, 예상을 뛰어넘어 대부분의 활동이 초고속으로 끝나 버리는 경향이 있기 때문이다. 글을 써 보라고 하면 기껏해야 한두 줄, 발표를 하라고 하면 억지로 쥐어짜서 한마디뿐이다. 그래서 가능한 많은 활동과 내용을 준비하는 것이 좋다. 만일 너무 일찍 끝나 시간이 남게 되면, 그 영향은 다음 시간으로 이어지기 때문이다. 대개 "지난 시간에는 일찍 끝나고 쉬었는데, 오늘은 왜 이렇게 많이 해요. 오늘도 빨리 끝내 주세요."라는 저항이 있기 마련이다.

수업 활동1 　**노동자에 대한 통상관념 그리기**

수업을 시작하면 종이를 한 장 나누어 주고, 노동 또는 노동자라는 말을 들었을 때 떠오르는 것을 그림으로 그리게 했다. 그림을 그리기에 앞서서 플로베르의 『통상관념사전』에 있는 단어 몇 개를 소개했다. 어떤 단어든 사전의 정의에 끌려가지 않고, 각자 느끼는 바를 솔직하게 표현하도록 하기 위해서였다.

『통상관념사전』에서 플로베르는 피아노를 악기로 보지 않았다. 피아노가 거실에 놓여 있기는 하지만 연주를 거의 하지 않는다면 그저 장식에 불과할 것이며 실제로 적지 않은 집에서 피아노는 장식 용도로 쓰이고 있다. 그래서 그는 피아노를 '거실에 꼭 필요한 것'이라고 정의했다. 이와 비슷하게 우리나라에선 집 안에 들여놓은 운동기구를 '최고급 빨래 건조대'나 '만능 옷걸이'로 부르기도 한다. 이런 식의 사례를 몇 가지 소개하고 노동 또는 노동자에 대한 그림을 그리도록 했다. 학생들은 자기가 생각하는 이미지를 자유롭게 표현했다.

실제 아이들의 그림에서 가장 많이 등장하는 것은 놀랍게도 삽과 곡괭이였다. '노동'이라는 말에서 '육체노동'을 떠올리고, 그 전형적인 모습을 삽과 곡괭이로 표현한 것이다.

학생들에게 왜 이렇게 그렸냐고 물으니 그냥 그게 생각났다는 아주 단순한 대답이 돌아왔다. 그렇게 생각이 든다는데 어쩌겠

▲ 노동자에 대해 학생들이 그린 이미지

나? 게다가 사회 분위기가 노동에 대해서 그런 생각이 들도록 한 것이기도 하기에 어쩌면 크게 이상한 것도 아닐 것이다. 그런데 특이한 점은 어느 순간부터인가 외국인의 모습이 자주 등장했다. 그만큼 우리 사회에 외국인 노동자가 많아졌다는 것을 반증하고 있었다.

한번은 어떤 아이가 종이를 꽉 채우는 커다란 물방울을 그려

놓았기에 "무슨 그림이니?"라고 물으니, 너무 당연하다는 듯이 "노동자들이 흘리는 땀입니다."라고 대답했다. 그러고는 그림 옆에 '땀'이라고 적어 넣었다. 예상치 못한 현답에 당황하면서 나도 모르게 입꼬리가 올라갔다.

아르바이트 경험이 많은 친구들은 보통 노동을 긍정적으로 표현하지 않는다. '힘들다'라는 것을 몸으로 익혔기 때문이다. 땀을 그린 학생이 아르바이트나 기타 노동의 경험이 있는지는 확인할 수 없었지만 일해 본 경험이 많은 학생들이 이런 그림을 당당하게 그리는 날이 오는 것, 그것이 어쩌면 이 수업의 궁극적인 목표일 것이다.

수업 활동2) 한 달 동안 일하지 않는다면?

우리 주변에 있는 노동자들이 일을 하지 않는다면 내가 어떤 불편함을 느끼게 될까를 상상하며 노동자에 대한 고마움을 느껴 보고, 노동이 실제 우리 삶에 얼마나 많은 영향을 주고 있는지 생각해 보는 수업을 진행했다.

학생들의 입장에서 친숙하다고 생각되는 환경미화원, 아이돌 가수, 급식실 조리사, 국회의원, 편의점 아르바이트생, 택배기사, 버스운전사, 교사, 의사, 경찰을 제시했고, 이들이 한 달 동안 일을 하지 않는다면 나에게 어떤 영향이 미칠까 적어 보라고 했다. 그리고 자기 자신에게 큰 영향을 미치는 순서로 순위를 매기도록 했다. 또한 활동지에는 사회적으로 가치가 있다고 생각하는 순위와 임금의 순위도 적게 했는데, 이 항목보다 이전 항목 두 가지만 적어도 수업의 목적을 달성할 수 있을 것이다.

고등학생의 일상생활에 가장 큰 영향을 미치는 직업은 무엇일까? 아이돌 가수일까? 반대로, 가장 영향이 적을 것이라고 예상되는 직업은 무엇일까? 국회의원? 대략적으로 평균을 내 보니 영향력이 큰 직업 3가지는 버스운전사, 의사, 편의점 아르바이트생이었다. '버스운전사'는 쉽게 이해가 되었다. 자가용이 없고 지갑이 얇은 학생들에게 버스는 아주 중요한 교통수단이다. 한창 가정과 학교 밖에서 활동을 많이 할 시기에 이동권이 보장되지 않는다면 사회활동에 큰 제약이 있을 것이다.

'편의점 아르바이트생'이 상위권에 있는 이유는 무엇일까? 등하교시간에 학교 근처에 있는 편의점 앞에 잠시 서서 지켜보면 이유를 찾을 수 있다. 성장기 아이들은 항상 배가 고프고 등하교 시 편의점 방문은 필수다. 만일 편의점을 이용할 수 없게 된다면 생존권(?)에 심각한 위협이 될 것이다.

'의사'가 상위권인 것이 처음엔 조금 의아했는데 아이들의 특성을 생각해 보니 곧 이해가 되었다. 모두가 그런 건 아니지만 일부 학생들은 학교에 오기 싫거나, 등교를 했어도 교실에 앉아 있는 것이 싫을 때 수시로 '병원 가기' 카드를 쓴다. '머리가 아파요', '배가 아파요', '어제부터 아팠는데 지금까지 참았어요', '갑자기 아까부터 아파요' 등의 이야기를 하면서 질병지각, 질병조퇴, 질병결석, 질병결과를 하겠다고 한다. 한 학기 동안 한 개 학급의 질병근태(결석, 지각, 조퇴, 결과)신고서가 한 권의 책처럼 두꺼운 학급이 많은 것을 생각한다면 학생들에게 의사는 매우 소중한 사람일 거라고 납득했다.

 나아가 개별적으로 작성한 순위를 바탕으로 모둠원들이 논의하여 순위를 조정해 보는 활동도 재미있을 것 같다. 그렇게 한다면 개인의 생각에서 집단의 생각으로 심화되면서 좀 더 객관적으로 판단할 근거를 마련할 수 있을 것이다. 또한 사회에서 영향력이 높다고 인식하고 있는 순위를 매긴 후에 자신이 매긴 순위와 비교를 해 보고, 차이가 있다면 그 이유는 무엇인지 토론을 해 보는 것도 의미가 있다. 아쉽게도 수업에서 거기까지 나가지는 못했지만 현재의 상황을 고려하면 소기의 성공을 거두었다.

수업 활동3 동그라미의 비밀 : 노동자를 분류하는 동그라미

노동자와 노동자가 아닌 사람을 구분하면서 노동자에 대한 개념을 알아보는 수업도 진행했다. 국어사전에서는 노동자를 '노동력을 제공한 대가로 임금을 받아 생활을 유지하는 사람'이라고 정의한다. 백과사전에서는 '고용 계약에 의해 자기의 정신적, 육체적 노동력을 제공하고 대신 임금을 받아 생활하는 사람이다. 노동자는 자신의 노동력을 제공할 대상을 선택할 자유가 있으며, 고용주인 자본가와 신분적인 구속 관계는 존재하지 않는다. 임금을 받아 노동력을 회복하고, 가정경제를 꾸리며, 인간 존엄성을 유지할 수 있으므로 노동자와 임금은 떨어트릴 수 없는 관계를 지닌다'라고 정의하고 있다.

한편 근로기준법에서는 노동자라는 단어 대신 근로자라는 단어를 사용하는데, 근로자를 '직업의 종류와 관계없이 임금을 목적으로 사업이나 사업장에 근로를 제공하는 자'라고 정의하고 있다. 종합해 보면 노동자를 정의할 때 중요한 것이 '임금'이다. 임금을 받는 것이 노동자인 것이다. 그리고 또 중요한 것이 '고용 관계'이다. 근로자(노동자)는 사용자(또는 자본가)에게 고용되어 있어야 한다는 것이다.

수업을 시작하면서 모둠별로 B4 종이와 직업카드 한 묶음을 나누어 주었다. 종이 가운데에 커다란 동그라미를 그리고 직업카드를 분류하게 했다. 직업카드에 쓰여 있는 직업이 노동자라고 생각되면 동그라미 안에 놓고, 노동자가 아니라고 생각되면 동그라미 밖에 놓는 것이다. 잘 모르겠으면 경계선 위에 놓게 했다.

모둠원끼리 상의하면서 정하도록 하지만, 대개 목소리가 큰 학

▲ 직업카드 예시

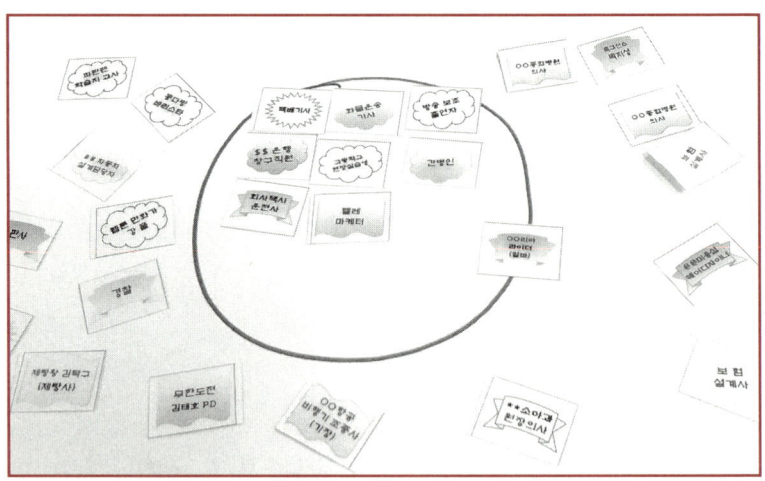

▲ 직업카드를 동그라미 안과 밖, 경계에 놓은 모습

생 1~2명의 의견을 따르기 마련이다. 그럴 수밖에 없는 것이 대부분 노동자에 대한 정확한 정의를 모르기 때문에 누군가 강하게 주장하면 별다른 반박을 하지 못했다. 모둠별로 분류 작업이 끝나면 특별히 어려운 카드가 무엇이었는지 이야기를 들어 보았다. 그리고 카드 중 몇 가지를 교사와 함께 분류해 봤다.

예를 들어 '식당 아르바이트 청소년'은 노동시간이 짧고 기간도 짧지만 일하는 시간과 기간에 상관없이 노동자이다. '기업 이사'와 같은 회사의 간부는 사업주를 위해 일을 하고 노동자들을 지휘, 감독하는 위치에 있으므로 사용자에 해당되었다.

설명을 하다 보면 같은 직업이라도 노동자인 경우가 있고, 노동자가 아닌 경우도 있다. 예를 들어 '학원 강사' 중에서 학원과 계약을 맺고 지휘, 감독을 받지 않는 상태에서 수강생의 수에 따라 일정한 돈을 받는 유명 강사는 노동자로 볼 수 없다. 그러나 만일 학원에 직접 고용되어 학원장의 지휘, 감독을 받으며 학생들을 가르친다면 노동자이다. '소설 작가' 역시 어디에 고용되어 있는 것이 아니라 자기가 글을 쓰고 출판사와 계약을 맺어 책이 팔리는 만큼 돈을 벌고 있다면 노동자로 볼 수 없다. 하지만 방송사에 소속되어 드라마나 프로그램의 대본을 짜는 구성 작가는 노동자이다. 결국 같은 직업이라도 노동자일 수도 있고, 아닐 수도 있었다. 어떤 일을 하느냐가 중요한 것이 아니라, 같은 일을 하더라도 어떤 조건으로 일을 하고 있는지가 중요하다는 사실을 이 수업을 통해 알려 주었다.

설명을 한 다음 다시 직업카드를 분류하게 하면 두 번째 활동은 비교적 순조롭다. 다만 노동자인지 아닌지 애매해서 동그라미의 경계선에 놓이는 카드가 많아졌다.

이 활동에서 잘 알려 주어야 할 사항이 있다. '보험모집인'이나 '화물기사'의 경우 노동자인지 아닌지에 대한 해석이다. 이들은 개인사업자로 등록이 되어 있다. 그러나 실제로는 회사로부터 업무 지시를 받고 있으며, 실적 등에 대한 관리를 받고 있다. 이런 경우 노동자냐 아니냐는 문제로 노동계와 경영계에서 갈등이 있다. 경영계에서는 이들이 개인사업자로 등록되어 있고 실적에 따라 대가를 받고 있으니 노동자가 아니라고 주장하는 반면, 노동계에서는 일반 노동자처럼 고용관계로 맺어지지는 않았지만 실제 근태 관리를 받고 있음은 물론이고 회사로부터 업무 지시를 받고 있으므로 노동자로 인정해야 한다고 주장했다. 그래서 이들을 특수고용관계에 있다고 해서 '특수고용노동자'라 부른다. 이런 사실을 정확하게 알려 준다면 학생들이 현실을 이해하는 데 도움이 될 것이다. 왜냐하면 이런 문제는 학생들이 사회에 진출하면 바로 만나게 될 사안들이기 때문이다. 사회에서 논쟁이 되고 있는 문제들을 학교에서 쉬쉬하는 것이 아니라, 있는 그대로 알려 주는 것도 시민교육의 일환으로 아주 중요한 부분이다.

일을 하는 사람이 노동자인지 아닌지 아는 것은 굉장히 중요하다. 만일 노동자라면 헌법에서 명시되어 있는 노동 3권이 보장됨은 물론이고, 최저임금도 보장받을 수 있고, 특히 일을 하다 다쳤을 경우 산업재해 처리가 가능해진다. 하지만 노동자가 아니라면 이러한 권리와 보장들을 받을 수 없게 되는 것이다. 이는 한 인간의 삶에 아주 커다란 영향을 끼칠 수 있는 부분이므로 이런 사실을 알려 주며 활동을 마무리했다.

수업 후기 ✏ 우리가 정의하는 노동자

노동에 대한 고정관념과 노동의 중요성, 노동자에 대한 보편적 정의까지 알아보았으니, 이제는 각자 자신만의 정의를 내리는 작업이 필요했다. 학생들에게 "노동이란, 노동자란?" 하고 물어보았다.

노동은 '돈을 받고 지시에 따라 일하는 것', 혹은 '일하는 것'이라고 적었다. 노동자에 대해서는 '돈을 벌기 위해 일하는 사람', '지시를 받으며 일하고 돈을 받는 사람', '누군가의 지시를 받아 일하며 월급을 받는 사람', '주어진 업무 등을 하고 그 대가로 월급 등을 받으면서 일을 하는 사람' 등으로 적었다. 특이한 것은 '지시를 받는다'라는 표현이 많다는 것이다. 직전에 했던 활동의 영향인 듯했다.

마지막으로 '아르바이트생은 노동자인가?'라는 질문에 생각을 써 보게 했다. 노동자가 아니라는 학생들은 "하기 싫을 때 언제든 그만둘 수 있고 안 할 수도 있으므로 노동자가 아니다."라고 했다. 노동자라고 생각하는 학생들은 "알바생도 지시를 받고 일하기 때문에 노동자다.", "알바생도 돈을 받고 정해진 시간에 일을 하기 때문에 노동자다.", "시간, 기간에 상관없이 아무리 일하는 시간이 짧아도 고용되어 일하면 다 노동자다." 등의 이유를 제시했다.

'아르바이트생은 노동자가 아니다'라고 주장하는 글을 수업이 끝난 후에야 보고 아차 싶었다. 노동자인지 아닌지는 단기간 노동이든 아니든, 노동의 기간과는 상관없다는 사실을 강조하지 못한 것 같았다. 다행히 몇 차례 더 기회가 있다는 것에 위안을 삼고, 추후에 강조를 해야겠다고 다짐하며 아이들의 소감을 보았다.

"노동자와 아닌 사람을 구별할 수 있는 방법을 알고 재미있었다."

"노동이, 노동자가 무엇인지 알게 되었다. 새로운 걸 알게 되었다."

"한 달 동안 사람들이 일하지 않으면 어떨까 생각해 보고 알바생도 노동자인지 생각해 봐서 좋았다."

"처음엔 그저 힘든 일을 하는 사람이 노동자인 줄 알았는데 내 생각이 틀렸다는 걸 알았다."

"굉장히 재밌고 뜻 깊은 시간이었다. 동아리는 노는 줄만 알았는데 아니었다. 이 동아리를 계속하다 보면 박학다식해질 것 같다."

형식적인 소감도 있지만 일부에게는 나름대로 의미가 있는 수업이었던 것 같다. 어느 학생의 말대로 창체 동아리는 쉬는 시간이거나 영화를 보거나 놀면서 보내는 시간으로 인식되어 있다. 그런 시간에 무엇인가를 한다는 것은 고역일지도 모른다. 일부 학생들은 마지못해서 나오고 뭔가를 하자고 하면 귀찮아하기 때문이다. 교사가 윽박지르고, 사정하고, 때로는 먹을 것으로 유혹하며 2시간을 보내야만 한다. 힘든 순간도 있지만 이렇게라도 해서 노동과 관련된 여러 가지 이야기들을 전해 주고픈 생각이 간절하다.

한 달 동안 필요한 **최저생계비**

| 수업 준비 | 노동과 임금의 관계

노동과 노동자에 대해서 알아보고 노동자를 정의하는 데 중요한 요소 중 하나가 '일한 대가', 즉 '임금'을 받는다는 것을 알았다. 임금을 받지 않는다면 노동자로 정의 내리기가 어렵다. 그렇다면 임금이란 무엇인가에 대해서 알아볼 필요가 있다.

　임금은 일한 대가로 받는 것인데, 대가는 어떻게 결정되는가? 또한 그 대가는 적정한 수준인가? 노동자는 자신과 가족이 생활하는데 필요한 재화와 용역을 구입할 수 있어야 하므로 인간다운 생활에 필요한 돈이 어느 정도인지 알아야 한다. 그에 따라 임금 수준도 변하기 때문이다.

　최저임금은 수업에서 인기 있는 주제이다. 학생들이 아르바이트를 하면서 받았던 혹은 받고 있는 임금이 최저임금의 수준에 따라서 결정되기 때문이다. 일단 최저임금을 도입한 목적을 바르게 이해하는 데 중점을 두었다. 평소 언론에 보도되는 최저임금 관련 논쟁을 보면 안타까움이 컸다. 최저임금에 대한 근본적인 질문, 즉 최저임금을 왜 도입했는지, 목적에 맞게 책정되고 있는지에 대한 논의가 빠져 있기 때문이다.

최저임금법 제1조의 최저임금제 목적은 다음과 같다.

'근로자에 대하여 임금의 최저수준을 보장하여 근로자의 생활 안정과 노동력의 질적 향상을 꾀함으로써 국민경제의 건전한 발전에 이바지하는 것을 목적으로 한다.'

최저임금위원회 홈페이지에서는 최저임금제의 효과를 임금 격차의 완화, 소득분배의 개선, 근로자 생활 안정 및 사기 진작을 통한 노동생산성의 향상, 저임금을 바탕으로 한 경쟁방식을 지양하여 기업의 경영합리화를 도움 등으로 보고 있다.

그래서 최저임금이 목적을 달성하고 있는지, 효과를 내고 있는지 생각해 볼 시간을 주고 싶었다. 생계비를 산출해 최저임금과 비교하는 활동을 통해서 최저임금제도의 도입 목적과 현실을 이해하고, 보완법에 대해서 고민하는 것이 수업의 목적이었다.

> 수업 활동 　독립을 위한 나의 적정생계비는?

PPT 자료와 동영상을 활용하여 임금, 최저임금제도의 목적과 효과, 생활임금 등에 대한 개념을 설명했다. 강의식 수업에서 학생들의 수업 참여가 낮아지는 것을 감안하여 활동지 중간에 괄호를 넣어서 중요한 단어를 생각해서 적어 넣는 활동을 했다. 영상은 뉴스와 지식채널 등을 활용했다.

그러나 설명을 듣고 활동지를 바르게 완성한 학생은 많지 않았다. 예를 들어서 모둠별로 논의해서 답을 찾도록 하거나 각 빈칸에 들어갈 단어를 퀴즈 형식으로 같이 풀어 본 후에 적도록 하거나 각각의 설명 중에서 가장 중요하다고 생각하는 단어를 본인들이 추출하고 이유를 설명하도록 하는 활동으로 바꾸었더라면 좀 더 효과가 있었을 것 같다.

자신을 '혼자 사는 20대 노동자'로 가정하고, 한 달 동안 사는 데 필요한 최소 비용을 계산해 보게 했다. 아직 독립해서 살아 본 경험이 없으므로 상세하게 세우긴 어렵겠지만 고등학생이라면 한 번쯤 고민해 보는 것만으로도 의미가 있을 것이다. 활동지에 식비, 의류 구입비, 공과금, 주거비 등 항목을 제시해 주었다.

그중 어려워하는 항목들이 있었다. 특히 주거비(월세)의 경우 본인들이 주거 문제를 스스로 해결해 본 적이 없으니 비용이 어느 정도 드는지 예상하기 힘들다. 그래서 고시원을 예로 들어 설명했다. 그러면 자기가 아는 형이 고시원에서 살고 있는데 월세를 얼마를 낸다는 둥, 선배가 살고 있는 원룸의 월세가 얼마더라는 둥 자기들끼리 금액을 적어 넣는다.

세금이나 경조사비 등도 이해하지 못하는 것 같았다. 그런 돈

축! 독립을 위한 나의 적정생계비는? (1인 가구 기준)

( ) 고등학교 ( )학년 ( )반 이름 ( )

한 달을 살려면…	
식비 및 비주류 음료비	원
주류 및 담배비	원
의류 구입비(옷, 신발 등)	원
공과금(전기세, 수도세, 가스비, 냉·난방비)	원
가정용품 및 가사생활비	원
이미용비(이발소, 미용실, 목욕비, 화장품 등)	원
교통비(지하철, 버스, 택시 등)	원
통신비(인터넷, 핸드폰, 유선채널 등)	원
문화생활비(영화, 음악, 도서 구입 등)	원
교육 및 자기 개발비(학원 수강료 등)	원
각종 세금	원
보험료, 저축 등	원
의료비(병원 진료비, 약값 등)	원
대인 관계 유지비(친구를 만나서 쓰는 비용)	원
경조사비(결혼식 및 장례식 등)	원
주거비(월세)	원
기타	원
총액	원

[진행 시 주의사항]
1. 자신이 혼자 살고 있는 20대 노동자라고 가정하고, 한 달 동안 살기 위해 필요한 최소 비용을 계산합니다.
2. 제시된 항목을 기준으로 적정 비용을 산출합니다. 불필요하다고 생각되는 항목은 '0원'으로 적고, 더 필요하다고 생각되는 항목이 있으면 기타 란에 항목과 비용을 적어 봅시다.

▲ 적정생계비 활동지 예시

을 내 본 적이 없으니 당연한 것인지도 모른다. 그저 나중에 살다 보면 서로 돕기 위해서 경조사비를 지출해야 하는 경우가 많다고만 알려 주었다.

고민했던 또 다른 항목은 '주류 및 담배비'이다. 학생들의 활동지인데 주류와 담배비 항목을 넣어도 될까 고민이 되었다. 학생들은 법적으로 주류나 담배를 구입할 수 없으니 이런 항목을 넣어서는 안 된다고 생각할 수 있다. 하지만 내 경우에는 현실을 인정하고 넣기로 했다. 적지 않은 학생들이 술을 마시고 있고, 흡연은 학교에서 비중이 큰 생활지도 건 중 하나이다. 이미 주류비와 담배비를 지출하고 있는데, 굳이 모르는 척하기가 싫었다. 몇몇 학생들이 "선생님! 이거 적어도 되요?"라고 물어서 "20대로 가정하고 적는 거니까 솔직히 적어 봐." 혹은 "수업 활동으로 하는 거니까 괜찮다."라고 답했다. 그리고 실제로 몇몇 학생들이 당당하게(?) 금액을 적었다.

활동지에 적는 금액이 현실적이지 않을 수도 있다. 하지만 이런 활동을 통해서 한 사람이 살아가는 데에는 필요한 것이 많으며, 이런 비용을 임금으로 충당해야 한다는 사실을 알게 된다면 목적은 달성했다.

다행히 학생들은 "이렇게 돈이 많이 나갈지 몰랐다.", "한 달에 이만큼 많은 돈을 쓴다는 것이 놀라웠다."라고 말했고, "나도 모르게 돈이 빠져나간다는 걸 알게 되었고, 나도 이제 돈을 저축해야겠다는 생각이 들었다."라고 답하는 학생을 보면서 절약과 저축의 중요성을 일깨워 주는 효과도 부수적으로 얻게 되었다.

한 달 동안 사는 데 필요한 비용을 산출했으면 이제는 그 수치를 다른 자료와 비교해 보는 활동을 한다.

첫째는 표준생계비와 비교하는 것이다. 표준생계비는 한국노동조합총연맹(한국노총)에서 산출한 2018년 자료를 이용했다. 한국노총에서 발표한 단신가구 표준생계비는 약 219만 원이었다. 그런데 학생들이 산출한 한 달 비용은 대부분 이 금액을 넘어섰다. 물론 그 이하의 금액이 나온 경우도 있지만, 대부분은 300만 원이 넘었다. 차이가 나는 이유를 학생들은 대부분 '절약을 하지 못해서'라고 적었는데, 어찌 보면 당연한 답일지도 모르겠다. 제시된 표준생계비가 너무 적게 산출되었거나, 물가가 너무 올랐거나, 또는 학생들이 계산한 비용에 오류가 있을 수 있다는 생각은 못 했을 것이다.

둘째는 최저임금과의 비교이다. 2019년 최저시급 8,350원을 기준으로 하면 월급은 1,745,150원인데, 이 금액과 비교해 보는 것이다. 최저임금으로 계산한 월급은 표준생계비보다 적다. 그러니 최저임금으로 한 달을 살 수 있을지 생각해 볼 수 있을 것이다.

"자신이 계산한 생계비와 최저임금과의 차이를 보충하는 방법은 무엇인가?"라는 질문에 학생들은 '두 배로 일을 하고 옷은 2벌만 산다', '야간 알바를 해서 채운다', '일을 더 많이 한다', '월급을 올려 달라고 한다' 등으로 적었다.

질문의 의도는 일을 더 많이 하는 방법을 찾아야 한다는 답변을 듣는 것이 아니었다. 그래서 앞으로는 질문을 이원화하는 것도 고려할 생각이다. 이 문제를 해결하기 위해서 개인이 노력해야 할 것과 사회가 노력해야 할 것을 적어 보게 하는 식으로 말이다. 그런 후에 토론으로 이어진다면 더할 나위 없을 것이다.

  "최저임금이 오르면 10대 아르바이트생만 혜택을 받을까?"라는 질문은 최저임금이 오르면 노동자 모두에게 영향을 끼칠 것이고, 특히 저임금 노동자들의 생활에 도움이 될 것이라는 것을 알게 하려는 의도가 담겨 있었다. 그리고 저임금 노동자들의 소비가 늘어나면 자영업자들에게도 도움이 되는 등 우리 사회에 긍정적인 영향을 끼치게 될 것이란 얘기도 하고 싶었다. 그러나 학생들은 최저임금의 상승이 사회에 미치는 영향을 부정적인 시각으로 보고 있었다. '해고로 인해 일을 하던 사람들이 일을 못하게 될 것 같다', '돈이 너무 들어서 사람을 고용하지 않을 것이다'라는 글을 보면 최저임금과 관련된 언론의 보도 내용과 비슷한 측면이 있다.

  대부분의 사람들은 사회문제와 여러 이슈에 대한 자신의 견해를 언론 보도를 통해 형성한다. 최저임금이나 노동에 관한 이슈도 마찬가지이다. 주류 언론에서 노동문제를 어떤 관점으로 바라보고 있는지, 다양한 노동문제 중에서 주로 어떤 주제를 다루고 있는지도 앞으로 학생들과 살펴보고 이야기해 볼 생각이다.

| 수업 후기 | 노동의 가치와 최저임금에 대해 알다

수업을 마치고 소감을 보니 아이들에게는 적정생계비 계산 활동이 가장 인상적이었던 듯하다.

"오늘 활동에서 생계비가 은근 많이 나와 놀랐다. 나중에 알바나 일을 할 때 저축을 해야겠다."

"최저임금과 생활임금에 대해서 자세히 알게 되어서 좋았다."

"나도 모르게 월세와 전기세 등 많은 돈이 빠져나간다는 생각이 들었고 나도 이제 슬슬 돈을 모아야겠다는 생각이 들었다."

"최저임금과 노동의 가치에 대해 구체적으로 알게 되어서 보람차고 즐거웠다."

"유익하고 덩달아 재미도 있었다."

수업을 마무리하면서 '노동의 가치를 우리 사회가 제대로 인정하고 그에 걸맞게 임금으로 보답을 하고 있는가'라는 질문을 했더라면, 그리고 최저임금을 적정한 수준으로 만들기 위해서는 노동자와 시민들이 어떤 노력을 해야 하는지에 대해서도 더 많은 시간을 할애했더라면 하는 아쉬움이 들었다. 하지만 꼭 알았으면 하는 주제와 개념을 한 번 더 학생들에게 알려 주었다는 것만으로도 성과는 있었다.

노동조합은 나의 힘!

수업 준비 노동자의 권리를 지키려는 노력

노동이 중요한 이유는 무엇일까? 인간이 살아가는 데 필요한 모든 재화와 서비스는 누군가의 노동에 의해서 만들어지기 때문에 노동이 없다면, 그리고 노동자가 없다면 인간은 단 하루도 살아갈 수 없을 것이다. 하지만 다른 측면에서 노동을 바라보고자 했다.

사람들은 하루 중에 무엇을 하는 데 가장 많은 시간을 보내고 있을까? 잠을 자고, 밥을 먹는 등 생존을 위한 시간을 제외하면 아마 노동시간이 가장 길 것이다. 그런데 이토록 긴 노동의 시간 동안 행복한가? 노동하는 시간 동안 노동자는 노동자로서뿐만 아니라 인간으로서 받아야 할 대접을 받고 있는가?

노동 3권은 노동시간 동안 인간으로서의 권리를 보호받기 위한 가장 기초적인 수단이다. 노동자로서의 권리는 누가 거저 주는 것이 아니다. 노동자가 노동자로서의 존재를 깨닫고 노동자들끼리 서로 힘을 합쳤을 때 비로소 얻어낼 수 있다. 이건 역사가 증명하고 있다. 그런 의미에서 노동조합은 매우 중요한 의미를 지닌다. 헌법에 노동 3권이 뚜렷하게 명시되어 있지만, 실제 보장 여부는 노동자들의 힘이 얼마나 강한지에 따라서 달라지기 때문이다.

그래서 노동 3권의 의미와 필요성을 알아보고 노동조합이 언론에 나오는 것처럼 무지막지한 조직이 아니라 합법적인 노동자들의 조직이고, 노동자들의 권리를 향상시키기 위해 노력하고 있다는 사실을 이해하는 시간을 가져 보기로 했다.

수업 활동1 　현장 경험이 담긴 생생한 상황카드

아이들에게 상황카드를 한 장씩 나누어 주고 카드에 적혀 있는 상황에서 나타날 수 있는 노동문제를 적어 보게 했다. 상황카드에는 아르바이트를 하는 곳, 성별, 나이가 적혀 있었다. 아이들은 자신들이 보고 들었던 것을 적고, 또 서로 물으며 정보를 수집했다. 특히 아르바이트를 했던 친구들이 적극적으로 얘기를 해 주기도 했다. 다른 친구들의 상황카드에 자기가 알고 있는 여러 가지 상황을 적기도 하며, 그동안과는 달리 아이들은 적극적으로 참여했다. 아마도 자신들이 아르바이트를 하며 겪었던 경험이었기 때문일 것이다.

학생들이 작성한 상황카드를 살펴보면 다음과 같다.

▲ 상황카드 예시

- ○○치킨 배달(남, 18세) : 늦게 온다고 욕먹음. 치킨이 쏠렸다고 욕먹음. 치킨이 맛없다고 혼남.
- ○○리아 알바(여, 17세) : 못생겼다고 욕먹음. 바쁜데 빨리 안 준다고 갑질함.
- ○○피자 전단지 알바(여, 17세) : 다리가 아프고 전단지를 잘 안 받는 사람이 대부분이다.

상황카드에 적은 것을 발표한 후에는 그런 문제에 적용될 법이나 해결할 수 있는 방안을 이야기해 보라고 했다. '노동법을 강화해야 한다', '갑질한 사람은 처벌을 해야 한다', '욕을 먹으면 신고

할 수 있어야 한다' 등 법으로 해결을 해야 한다고 생각을 한 학생들이 있었는가 하면, '욕 먹을 때마다 돈을 받아야 한다', '최저시급을 인상해야 한다'와 같이 힘들게 일하고 있으니 합당한 보상을 해 주어야 한다는 식으로 방안을 제시하는 학생들도 있었다.

'인권 의식을 높여야 한다'며 좀 더 근본적인 해결 방안을 제시한 아이도 있었다. 민주시민탐구반 동아리의 핵심을 꿰뚫는 답변이었다. 노동문제도 인권 감수성과 시민의식을 바탕으로 할 때 비로소 제대로 바라보고 해결할 수 있다.

수업 활동1 　반가운 친구, 노동 3권

노동조합에 대해 알아보기 위해 활동지를 중심으로 하나씩 설명하며 질문과 답을 주고받았다. 첫 번째로 노동조합 로고 모음 그림을 보여 주고 "이들은 누구인가?"라고 질문했다. 노동조합에 대해서 어떻게 첫 말을 던질까 고민하던 끝에 생각해 낸 것이다. 의도는 우리 주변에 노동조합이 많이 있다는 점, 거의 모든 직종에 노동조합이 있다는 점, 뉴스에 나오는 것과는 다르게 사무직 노동자나 IT, 교육 등의 직종에서도 노동조합을 결성하고 있다는 점을 알도록 하는 것이었다.

그림을 보며 어떤 노동조합인지 간략하게 설명을 해 주었다. 다행히 대부분의 노동조합은 이름만 보고도 직종을 짐작할 수 있다. 그리고 우리나라의 노동조합 현황과 실태에 대해서 알려 주었다. 또한 노동조합을 결성할 권리는 노동 3권 중에서 단결권에 해당되는 권리라고 설명하며, 자연스럽게 노동 3권에 대한 설명으로 이어 갔다. 국가가 노동 3권을 헌법에서 보장하는 이유를 설명하고, 설명을 보충하기 위해 노동조합과 관련된 동영상을 몇 편 보여 주었다.

활동지는 글이나 그림을 보고 쉽게 답을 찾을 수 있는 질문부터 시작하여 자신의 의견을 적게 했는데, 예상보다 아이들은 질문에 열심히 대답을 적어 갔다.

| 수업 후기 | 연대하여 힘을 내는 노동조합

'상황카드 활동하기'에 대한 학생들의 소감은 이러했다. '그 일을 하면서 당하는 사람의 마음을 알게 되었다', '각 상황을 정리하고 개선할 문제점을 알게 되어 의미 있었다', '알바를 하는 사람들은 정말 힘들다고 생각한다', '노동자들이 부당한 대우를 받고 어떻게 해결하는지 알게 되었다' 등이었다. 노동자들이 힘들다고 생각하는 것을 넘어서서 어떻게 해결을 할 것인가에 대한 고민을 하고, 노동자 개별의 노력도 중요하지만 모이고 연대한다면 더 큰 힘을

낼 수 있다는 사실을 가슴에 새겼기를 기대해 본다.

"노동조합이나 노동 3권에 대해 배워서 좋았고 나도 부당한 일이나 부적절한 대우를 받을 수도 있으니까 노동조합에 가입해서 해결해야겠어요."

"오늘 활동을 통해 노동조합이 무엇인지 알게 되었고 노동조합으로 인해 노동자들이 지켜지는 것을 알았습니다."

"세상에는 부당한 대우를 받으며 일을 하는 사람이 많다고 생각했고 나도 언젠가 노조에 가입하고 싶습니다. 노조에 가입하고 싶은 이유는 만약 내가 부당한 대우를 받았으면 매우 화가 날 것 같아서 힘을 모으기 위해서입니다."

"오늘 활동은 청소년들도 많이 하는 알바 이야기가 나와서 재밌고 정말 좋았습니다. 나도 크면 노조에 가입해야겠다고 생각했습니다."

이러한 소감을 보면 노동조합에 대해 대체로 이해한 듯하다. 다음 수업에서는 좀 더 나아가 '노사 협상해 보기' 활동도 해 보려 한다.

사회는 노동자를 어떻게 대하고 있나?

수업 준비 | 일상생활로 가져온 노동 수업

노동인권교육을 계획하다 보면 노동 3권, 근로기준법, 최저임금처럼 노동자들이 가져야 할 권리 위주로 교육 내용을 정하게 된다. 물론 이런 권리를 찾고 지키는 것도 중요하지만, 언제부터인가 수업 내용을 좀 더 확장해 보면 좋겠다고 생각했다.

노동을 통해 사회를 바라보면 사회를 이해하는 데 한결 도움이 된다. 노동문제이기도 하지만 이미 사회문제가 되어 버린 비정규직 문제, 플랫폼 노동의 등장, 4차 산업혁명의 도래와 노동, 갑질과 차별 문제, 직장 내 민주주의, 언론 보도와 노동, 다문화 사회와 외국인 노동자, 장애인을 비롯한 사회적 약자의 노동문제 등이 그 예이다. 그리고 이는 학생들이 졸업과 동시에 사회에 진출했을 때 즉각 마주하게 될 문제이도 하다. 대부분의 사회문제는 정답이 없으므로 시민 자신이 선택의 기로에 섰을 때 무엇이 공공에 유익하고 정의로운지 판단할 수 있는 힘이 있어야 한다.

모든 재화와 용역은 돈을 주고 얻지만 아무리 돈이 많아도 재화와 용역이 없다면 얻지 못한다. 그리고 재화와 용역을 만들기 위해서는 누군가의 노동이 있어야만 한다. 그래서 '치느님 게임'을 통해서 우리가 일상생활에서 얻는 모든 것들이 누군가의 노동에 의해 만들어지고 있다는 것을 다시 한 번 상기해 보고자 했다. 그리고 월급명세서 속 사회보장제도를 살펴보며, 사회가 노동자와 시민들을 어떻게 보호하고 있는지 알아보았다.

　최근 갑질과 관련된 사건들이 자주 보도되고 있다. 대기업 사장의 횡포는 노동자와 영세업자들을 자괴감에 빠지게 한다. 그런데 비단 대기업 사장만의 문제는 아니다. 사회 곳곳에서 갑질을 볼 수 있다. '손님은 왕'이라며 서비스노동자와 영세업 사장들에게 무례한 행동을 하기도 한다. 그런데 잘 생각해 보면 무례한 행동을 한 소비자도 노동자이다. 그러므로 자신 또한 다른 무례한 소비자들의 갑질에 노출될 수 있다. 우리는 노동자이며, 소비자이기도 하며, 유권자이기 때문이다.

> **수업 활동1** 치느님 게임으로 찾는 노동자

한국기술교육대학교 산하 고용노동연수원에서 진행된 노동인권연수 내용 중에서 가장 맘에 들었던 것이 '치느님 게임'이었다. 일단 게임 상품으로 과자를 교탁 위에 올려놓았다. 상품을 내걸고 수업을 하는 것이 바람직한 방법은 아니지만 이번 동아리 활동에서는 효과가 있었다.

치느님 게임은 치킨을 배달시켜서 먹는다고 가정했을 때 내게 배달되어 올 때까지 관여한 노동자들을 찾는 게임이다. 학생들 한 명 한 명이 차례로 노동자를 말하고, 최후의 1인이 남을 때까지 돌아가며 답한다. 대답을 못 하거나, 앞사람이 이미 말한 노동자를 말하면 탈락이다. 닭을 자르는 사람, 닭을 키우는 사람, 배달하는 사람, 튀기는 사람, 나르는 사람, 전화 받는 사람, 치킨 무 만드는 사람……. 이 정도가 끝일까? 아니다. 노동자는 무궁무진하게 많다.

튀김옷을 만드는 데 관련된 노동자만 해도 그렇다. 밀을 재배하는 사람, 그 밀을 수입할 때 필요한 배를 설계한 사람, 배를 용접한 사람, 배에 필요한 철을 만든 사람 등으로 이어질 수 있다. 배달할 때 타고 다니는 오토바이만 생각해 봐도 수많은 노동자가 연상될 것이다. 치킨 무를 만들기 위해서는 무를 재배하고, 농약을 만들고……. 치킨을 튀기기 위한 식용유를 생산하는 공장에서 일하는 노동자, 식용유의 원료인 옥수수 등을 재배하는 노동자, 닭을 키우는 데 필요한 사료와 항생제 등의 약을 만드는 노동자, 포장지의 종이를 만들고 인쇄를 하는 노동자, 치킨 무를 담는 용기를 만들기 위해 플라스틱을 만들고 금형을 만드는 노동자……. 만일 이 중 어느 한 직종이라도 일하는 사람이 없다면, 집에서 편히 치킨을 배달시켜 먹긴 글렀다. 우리가 사 먹는 치킨 한 마리는 이렇듯 무수히 많은 노동자들의 합작품이라는 것을 설명했다.

| 수업 활동2 | 사회는 어떻게 나를 지켜 주는가?

수업을 시작하면서 사진을 보여 주고, 질문을 던졌다.

©Pierre Selin

"맨 위에 있는 선수가 럭비공을 잡을 수 있는 원동력은 뭘까?"
공을 잡는 선수에게 가장 중요한 것은 밑에 있는 선수들을 믿고 뛰어오르는 것이다. 밑에 있는 선수는 위의 선수가 공을 잘 받을 수 있도록 튼튼히 받쳐 줘야 한다.

우리 사회도 잘 유지되려면 밑바탕이 튼튼해야 한다. 사진에 대한 이야기를 주고받은 후 어느 노동자의 급여명세서를 보여 주었다. 국민연금, 건강보험, 노인장기요양보험, 고용보험으로 공제된 항목을 설명하며, 이것이 노동자와 시민들에게 커다란 힘이 된다는 것을 설명했다. 사회보장제도는 노동 3권과 더불어 노동자들의 삶을 지탱해 주는 중요한 사회시스템이자 제도화된 연대이다. 내가 내는 보험료는 힘들 때 나를 도와준다. 덕분에 걱정을 조금 덜고 오늘 하루를 열심히 일할 수 있는 것이다. 또한 내가 내는 보험료로 다른 노동자들이 어려울 때 도울 수 있다. 제도적으로 이루어진 노동자간의 연대 모습이다. 우리 사회는 이런 제도를 통해서 아직 미약하기는 하지만 서로 돕고, 미래의 걱정거리를 덜며 사는 것이다.

월급명세서에는 없지만 노동자를 보호해 주는 것이 더 있다. 고용보험과 퇴직금 등이다. 이것은 노동자에게 아주 중요한 버팀목이지만, 사용자가 100% 지불하는 것이기에 월급명세서에는 빠져 있다고 알려 주었다.

수업 활동3 뒤바뀔 수 있는 갑과 을의 위치

영상 시청 수업에서는 '갑과 을'이라는 제목의 코미디 영상을 보여 주었다. 이 코너는 일상에서 일어나는 갑과 을의 이야기를 재미있게 풀어내고 있다. 무대에 상점 주인이 등장해 서비스 기사를 부른다. 상점 주인은 서비스 기사에게 서비스가 나쁘다며 욕설을 퍼붓고, 서비스 기사는 모욕감을 느낀다. 하지만 잠시 후 반전이 일어난다. 수리를 마친 서비스 기사는 그 상점에 소비자로 들어서고, 상점 주인에게 갑질을 하는 것이다. 이 장면에서 관객들은 쾌감을 느낀다. 이후 상점 주인과 서비스 기사는 갑과 을의 위치가 수시로 바뀌며 재미있는 상황이 반복된다.

동영상을 시청한 후 학생들에게 물었다.

"여기서 누가 갑일까? 갑과 을의 위치는 어떻게 될까?"

아이들은 갑과 을의 위치가 계속 바뀌고 있다는 사실을 잘 이해하고 있었다.

이어서 감정노동에 대한 영상을 보여 주었다. ○○기업에서 실시한 것인데 전화상담원의 안내 멘트를 상담원의 가족이 녹음한 것이다. 어린아이가 "세상에서 가장 좋아하는 우리 엄마가 상담 드릴 예정입니다. 잠시만 기다려 주세요."라고 하거나 "착실하고 성실한 우리 딸이 상담 드릴 예정입니다.", "사랑하는 우리 아내가 상담 드릴 예정입니다."라며 아버지와 남편이 녹음한 멘트를 들려 주었더니 상담원에 대한 욕설이 많이 줄었다는 내용이다.

마지막으로 『당신이 허락한다면 나는 이 말 하고 싶어요』라는 책에서 가져온 내용을 읽어 주었다. 영국의 유명한 대학에 갔더니 대학의 건물 벽돌에 졸업생인 아이작 뉴튼의 초상화가 걸려 있고,

그 옆에 학생들이 임의로 새긴 동판이 있었다는 것이다. 학생 식당에서 일하던 노동자를 기리기 위한 것이었다. 그리고 왕의 초상화 옆에는 학생이 그린 경비원의 초상화가 같이 걸려 있었다고 한다.

이 글을 읽어 주며 설명을 마치고 아이들에게 지난 일주일 동안 만났던 사람들을 적어 보게 했다. 자신이 일상에서 만나는 사람 중에 노동자들이 얼마나 많이 있는지 찾아보기 위해서였다. 그리고 책에 나온 글을 되새기며 자신이 기억하고 싶은 사람과 이유를 적으며 활동을 마무리했다.

수업 후기 ✎ 배려하고 연대하는 사회를 위하여

노동인권 수업을 한 다음 아이들에게 소감을 들어 보았다.

"갑과 을은 정해져 있는 것인 줄 알았는데, 오늘 활동을 해 보니 전혀 그렇지 않다는 것을 알게 되었어요."

"갑과 을이 뭔지 자세하게 배워서 좋고 내가 갑이어도 을에게 너무 뭐라 하면 안 되겠다는 생각이 들어요."

"잊고 있었던 고마운 사람을 다시 떠올려 보고 기분이 좋았어요. 죽을 때까지 잊지 않을 거예요."

"대면하지 않아 상담원에게 쉽게 짜증내거나 불쾌하게 대한 면이 있었는데, 누구의 가족이라 생각하니 그렇게 하지 말아야겠다는 생각이 듭니다."

　이런 소감이 많은 것을 보면, 학생들에게는 갑과 을의 동영상이 크게 기억에 남은 것 같다. 어쩌면 우리가 일상에서 겪는 '갑과 을'의 갈등은 실은 '을과 을'의 갈등인지도 모른다. 그래서 더욱 서로 배려하고 연대해야 한다. 사회가 사회적 약자를 어떻게 대하고 있는지를 살펴보면 그 사회의 성숙도와 수준을 알 수 있다. 달리 말하면, 사회가 노동자를 어떻게 대하고 있는지 살펴본다면 그 사회의 수준을 알 수 있는 것이다. 그런데 우리 사회는 노동자를 어떻게 대하고 있고, 어떻게 기억하고 있는가? 오랫동안 마음속에 새겨 두어야 할 질문이다.

사람이 먼저다, 노동자도 사람이다

> **수업 열기** 산업재해에 대한 감수성

사람들이 일을 하는 이유는 무엇일까? '자아실현을 위해서'라는 도덕 교과서 같은 답변을 하는 사람이 얼마나 될까? 대부분의 사람이 '돈을 벌기 위해서' 일한다고 보는 편이 현실적일 것이다. 그것을 좀 더 세련되게 포장하면 '행복을 위해서'일 것이다. 어쩌면 행복을 위해서라는 대답도 현실과는 조금 동떨어져 있는지도 모른다. 대부분의 노동자는 '살기 위해' 일을 해야만 한다.

그런데 살기 위해 찾아간 일터에서 목숨을 잃기도 한다. 그것도 어쩌다 한두 명이 아니고, 하루에 6명 정도가 산업재해로 목숨을 잃고 있다. 고용노동부에서 2019년 5월 발표한 통계에 따르면 2018년 산업재해(사고 및 질병)로 사망한 노동자는 2,142명이라고 한다. 하루 약 5.9명이 사망하는 것이다.

특성화고 학생들은 고등학교 3학년이 되면 희망하는 학생에 한해서 현장실습을 나간다. 그런데 거의 매년 사고가 나고 있다. 현장실습(교사와 학생들은 '취업'이라 부름)을 나간 학생들도 산업재해로부터 자유롭지 못했다.

이전에 근무하던 학교에서는 현장실습을 나가는 학생들에게 교감 선생님이 "다른 거 다 필요 없어. 일하다 힘들고, 위험한 것 같으면 바로 들어와."라고 신신당부를 했다. 위험하면 바로 멈추고 말해야 하지만 안타깝게도 현장에서는 바로 말하는 것도 쉽지 않고, 말을 해도 통하지 않는 것이 현실이기도 하다. 특성화고 학생들에게 산업재해에 대한 교육은 목숨이 달린 절실한 것이다.

학생들에게 동기부여를 위해 산업재해와 관련된 사진과 동영상을 보여 준 다음 ○× 퀴즈를 풀어 보면서 산업재해에 대한 상식을 키우는 수업을 계획했다.

'산재를 찾아라' 활동은 각종 산업현장의 모습이 그려져 있는 그림에서 산업재해에 해당하는 것을 찾아내는 것인데, 이 활동을 통해서 산업현장에서 일어나는 산업재해가 무엇인지를 간접 체험해 본 다음 산업재해 감수성에 대한 이야기를 해 보고자 했다.

산업재해에서 중요한 것은 산업재해 발생 후에 어떤 조치를 취해야 하는지를 아는 것이 아닐 수도 있다. 물론 사고가 나면 바로 정해진 규정과 법률대로 처리를 하는 것이 중요하지만, 산업재해가 일어나지 않도록 하는 것이 더 중요하다. 그리고 예방을 위해서는 산업재해에 대한 감수성이 먼저 채워져야 한다. 그것을 학생들에게 전달하는 것이 이번 수업의 가장 중요한 목표이다.

| 수업 활동 | 산업재해 찾기 게임 |

'구의역 9-4 스크린도어'라는 제목을 붙이고 사진을 한 장 보여 주었다. 2016년 일이지만 우리 사회에 너무나도 커다란 충격을 주었던 사건이었다. 하지만 대부분의 학생들이 잘 모르고 있었다. 동아리 학생들이 모두 고등학교 1학년이었으니, 이 사건이 일어났던 당시에 중학교 1학년이었을 것이다. 당시 매스컴에서 그토록 다루었음에도 불구하고 학생들이 모르고 있다는 사실에 한편으로는 많은 아쉬움이 들었다.

사회에서 일어나는 많은 사건과 논쟁 등을 수업과 어떻게 접목을 시켜야 하는지에 대한 고민을 다시 하게 하는 지점이다. 학교가 사회와 동떨어져 있는 것이 아니고, 적지 않은 문제들이 사회에 나감과 동시에, 아니 어쩌면 학생의 신분으로서도 맞닥뜨리게 될 사안임에도 불구하고 교과 수업의 틀 안에 있지 않다고 외면하는 것이 진정한 교육인지 말이다.

이번에는 전자업체에서 근무를 하다 백혈병에 걸려 사망한 노동자와 산업재해로 인정받기 위해 활동한 아버지의 이야기를 다룬 영화 '또 하나의 약속'을 소개했고, 산업재해의 현황과 설명을 해 주는 동영상을 보여 주었다.

동영상을 모두 본 다음에는 산업재해에 대해서 더 자세하게 알아보기 위해서 ○× 퀴즈를 풀어 보았다. 산업재해에 대해 잘 알지 못하는 상태에서 퀴즈를 푼다는 것은 어렵다. 하지만 퀴즈를 풀면서 든 각자의 생각을 활동지에 기록하고 같이 답을 맞춰 보았다.

'사업주가 산재인정여부를 결정하는가?'라는 질문에 학생들은 대부분 ×를 선택했는데 이유를 물어보니, '병원의 결과에 따라야 한다', '사업주는 회사 입장만 생각해서 결정할 것이다' 등의 대답을 했다.

'산재보험에 가입하지 않은 사업장에서 근무하던 노동자가 재해를 입으면 보상을 받지 못하는가?'라는 질문에 학생들은 대부분 ×를 선택했는데 이유를 물어보니, '노동자가 일을 했기 때문이다', '사람이 우선이기 때문이다'라고 대답했다. 어쩌면 당연한 대답일지 모르지만 사람이 우선이라는 말이 나왔을 때 순간 희열을 느꼈다. 그동안 노동인권교육을 통해 학생들과 함께 찾고 싶었던 핵심 가치가 바로 '사람이 먼저다, 노동자도 사람이다'였다. 수업시간에 직접적으로 말한 적은 없었는데, 학생의 입에서 그 대답이 나왔고 표정이나 태도로 보았을 때 최소한 건성으로 한 대답은 아니라는 걸 느낄 수 있었다.

'퇴직 후에는 산재신청을 할 수 없는가?'라는 질문에 학생들은 대부분 ○를 표시했는데 그 이유가 재미있었다. '퇴직을 했으니 노동자가 아니다', '학교를 졸업한 후에 학교 규정을 어기면 선도가 열리냐? 안 열린다. 그러니 산재 신청도 할 수 없다'는 것이었다.

졸업하면 학교 선도가 열리지 않듯이 퇴직하면 더 이상 노동자가 아니니 해당되지 않는다는 논리이다. 답이 맞고 틀리고를 떠나 자신들과 밀접한 것으로 연관 지어 생각을 하는 것이 좋았다.

그런 다음 『똑똑, 노동인권교육 하실래요?』의 자료를 이용해 그림 속에서 산업재해에 해당하는 것을 찾아보고 어떤 일이 있었는지 적게 했다.

학생들은 서로 의논하면서 찾았지만 그림 속에 있는 산재 상황을 모두 찾지는 못했다. 그림이 잘 보이지 않는 경우도 있고, 그림만 보고 무슨 상황인지 파악하기가 어려운 것도 있었겠지만 하나라도 더 찾기 위해 열심히 활동하는 모습을 볼 수 있었다.

학생들이 찾은 산재 상황은 '롤러에 손이 끼임', '환경미화원이 청소하는데 쓰레기봉투 들다가 허리를 다침', '물건 나르다가 물건이 넘어가서 머리에 부딪힘', '편의점에서 일을 하다가 쌓여 있는 물건이 무너져 다친 거니까 산재다', '식당 아줌마가 일을 하다 데인 거라서 산재다' 등이었다. 그다음에는 그림을 화면에 띄워 같이 보며 설명했다. 이때 꼭 설명하는 장면은 아이들이 산재라고 생각하지 못하는 상황이다. 예를 들면 회사 야유회를 가서 축구를 하다 다치는 경우, 의무적으로 참석을 해야 하는 야유회나 회식 등에서 사고가 난 경우이다. 또한 일터에서 계단을 내려오다가 다치는 등 노동자 본인의 실수에 의한 사고도 산재로 처리될 수 있다는 것을 강조하며 마무리했다.

글을 읽고 질문에 답하는 시간도 가졌다. 『노동자 쓰러지다』(희정, 2014)에 나오는 '산업재해를 예방하기 위해서는 산업재해에 대한 감수성을 키우는 것이 먼저'라는 논지의 글을 읽고 질문에 답하면서 감수성을 길렀다. 인간이 일하다 죽는 것은 슬프고 마음 아픈 일이지만 불행히도 산업현장에서는 감수성이 잘 발휘되지 않는다. 어린아이들의 교통사고도, 각종 화재나 사고도 모두 생명과 죽음에 대한 감수성의 부족에서 출발하는 것은 아닐까 싶다.

질문에 답을 잘 적는지, 옆에 사람과 많이 토론을 하는지도 중요하겠지만, 글을 차분히 읽어 보는 것만으로도 의미가 있는 시간이다.

수업 후기 / 현장으로 이어지는 수업의 효과

수업을 조금 더 확장시키면 산업재해를 둘러싼 여러 가지 쟁점, 예를 들어서 '위험의 외주화'라고 부르는 하청 노동자들의 산업재해 현황과 문제점, 산업재해와 관련된 각종 법률적인 문제를 다룰 수 있다. 또한 최근 뉴스에 많이 나오고 있는 감정노동과 관련된 산업재해와 성희롱 및 성폭력과 관련된 산업재해 이야기도 할 수 있다.

"나도 알바하다 다쳤을 때 산업재해 신청할 거예요."
"산업재해가 모든 노동자들에게 해당이 된다는 것을 알았습니다. 실수로 다쳐도 산업재해인 것을 깨달았습니다."

"산업재해가 무엇인지 몰랐는데, 알게 되어 뜻깊었어요. 산업재해 때문에 많은 경제적 손실이 있는 것을 몰랐어요. 더 똑똑해진 느낌이 들어요."

산업재해는 생명과 관련된 것이다. 그래서 더 필수이고 긴급하게 다루어야 할 사안이기도 하다. 하지만 학교에서 다루어야 할 수업 주제 목록에서 늘 빠져 있다. 노동인권과 관련해서 긴 시간을 가지고 접근할 때에나 가능한 것 같아 안타까웠다.

동아리를 시작할 때만 해도 걱정이 많았는데, 학생들은 열심히 따라와 주었고, 계획했던 것들을 끝까지 완주할 수 있었다는 것만으로도 성과는 있었다고 생각한다.

"모르는 것도 많았고, 알바를 할 때 아무 생각이 없이 했는데 법과 노동에 대해서 상세하게 수업을 듣다 보니 어느새 '알바 하는 곳에서 이걸 다 지켰을까'라는 생각과 '산업재해는 무엇인가'에 대해서 많은 생각을 하게 됐습니다."

"처음엔 갈 곳이 없어서 이 동아리로 오게 되었는데 막상 활동해 보니까 여러 가지 게임도 하고 먹을 것도 줘서 좋았고 또 우리와 관련된 내용에 대해 잘 설명해 줘서 몰랐던 걸 잘 알게 되었습니다."

"내가 하는 알바에도 도움이 많이 됐고 문제를 맞히면 맛있는 과자도 나누어 주셔서 재밌었어요."

"게임을 더 많이 했으면 좋겠어요."

아이들의 소감에서 '과자'와 '게임'으로 어떻게든 수업을 끌고 가고자 했던 내 모습이 그려졌다. 동아리 시간에 제대로 된 수업을 한다는 것은 학생에게도 교사에게도 쉬운 일은 아니었다. 그냥 영화 한 편 틀어 놓거나, 휴대전화를 나눠 주고 놀게 한 뒤 밀린 업무를 처리하고 싶은 마음도 있었다. 하지만 꼭 얘기해 주고 싶었고, 꼭 들려주고 싶었다. 한 번 들어 본 것과 한 번도 들어 보지 않은 것은 하늘과 땅 차이이기 때문이다. 이 수업을 통해 관심 없이 엎드려 있던 아이조차 귀는 열어 두고 있다는 걸 알게 되었다.

삶으로 스며드는
노동인권수업

교육계도 차츰 '노동인권'에 주목하고 교육의 필요성을 느끼고 있다. 깨어 있는 시민들이 폭력, 억압, 물질 만능 앞에서 표면적인 갈등 없이 순응하며 살기보다는 사회를 변화시켜 보자고 다양한 목소리를 낸 덕분에 생긴 변화로 보인다. 노동인권은 학생들이 삶의 현장에서 일의 의미를 세우고, 어떻게 권리를 지킬 것인가 하는 개인적인 문제부터 우리 사회가 어떤 관점으로 노동의 가치와 노동자의 의미를 정의하고 그에 따라 관련 법적, 경제적 여건들을 만들어 갈 것인지 합의해 가는 사회적 합의까지 다층적인 접근이 필요하다. 교육 현장에서 나는 노동인권에 대한 감수성과 타인에 대한 공감 능력을 높이는 수업, 노동인권 관련 지식을 이해하고 활용하는 수업, 삶을 변화시킬 수 있는 실천이 있는 수업, 그림책을 활용한 수업 등 여러 노동인권교육을 진행했다.

— 미양고등학교 교사 **주예진**

그림책으로 높이는 노동인권 감수성

도입 교실에서 노동인권문제를 만나다

"아직 배울 필요 없어요. 우선은 대학 가고 봐야죠."
"취업하게 되면 그때 배우면 되죠."

여러 사회문제를 이야기할 때 학생들에게 가장 많이 듣는 말이다. 학생들은 사회에서 발생하는 일들을 자신이 살아가고 있는 현실에서 만나는 상황이라고 생각하기보다는 미래에 언젠가 만나게 될 일이라고 생각하는 편이다. 가정과 학교라는 울타리에 둘러싸여 있다 보니 사회현상을 제대로 보지 못하는 경우가 많다. 여러 사회문제가 시시각각 발생하고 매체를 통해서 전달되고 있음에도 불구하고 학생들은 당장 학교생활에 적응하고, 자신의 교과 성적을 높이는 것이 더 중요하다고 생각하는 것이다. 더욱이 청소년은 경제활동에서 중요한 역할을 하고 있지 않기 때문에 노동문제에 대해서는 나중에 생각해도 될 문제라고 이야기하는 경우가 많았다. 또한 우리 사회에서 일반계 고등학생은 대학 입시를 위해 모든 시간과 기회를 투자해야 한다는 압박을 느끼기 때문에 문제풀이에 매몰되지 않고 지식, 기능, 태도를 고루 성장시킬 수 있는 수업을 지향하는 것은 매우 조심스럽다.

하지만 학생들을 계속해서 사회와는 격리된 인격체로 대하고, 사회의 모든 연결고리들이 학교에 들어오지 못하면 학생들은 경제활동과 노동인권에 대한 인식이 미숙한 상태로 사회로 나아가게 된다. 자신의 삶과 밀접한 관련이 있는 경제활동과 노동에도 아무런 감흥 없이 무덤덤한 태도로, 그저 별생각 없이 삶을 이어가게 될 것이다. 자신들과 가장 가까운 부모, 근처에 사는 이웃들이 모두 경제활동과 노동에 대해 치열하게 고민하고 생계를 꾸려 나가기 위해 고군분투함에도 불구하고 자신의 삶조차 제대로 바라볼 기회가 없는 것이 현재 대한민국 고등학생들의 삶이다. 학생들은 아무 생각 없이 혹은 자신의 이익에만 몰두하여 타인과 사회에 어떠한 영향을 미치는지 모른 채 말과 행동을 하는 모습을 보일 때가 있다. 그럴 때면 학생들에게 자신의 틀을 깰 수 있는 지적 자극이 필요하다는 생각이 들었다.

> 수업 열기 사회현상에 대한 감수성과 공감 능력 높이기

노동인권수업에서 다루는 내용과 활동 방법을 통해 학생들의 노

동과 사회현상에 대한 감수성과 타인에 대한 공감 능력을 높이는 수업이 필요하다. 자신과 사회를 연결 짓는 능력은 주변에서 발생하는 다양한 현상에 대해 호기심을 갖고 관찰할 때 생긴다. 그 호기심과 관찰을 끌어낼 수 있는 것이 '감수성'이다. 학생들의 반응이 가끔은 매우 엉뚱하게 표출되어 교사인 나도 혼란스러울 때가 있지만 그러한 반응과 표현 하나하나가 노동인권수업을 만들어가는 자양분이 된다. 다른 사람의 입장에서 생각해 보려는 노력이 클수록, 노동인권 문제에 대한 감수성이 클수록 학교에서 이루어진 학습활동과 연결하여 학생 스스로 사회문제를 해결하거나 더 나은 사회를 만들고자 하는 실천력을 높일 수 있기 때문이다.

학생들이 노동현장의 다양한 현상을 인식하고 이해하려면 노동, 인권, 경제, 법 등 관련 지식을 학습해야 한다. 그런데 해당 교과 내용들은 외국에서 사용하던 개념들을 활용하고 있기 때문에 대부분 한자나 영어식 표현이 많다. 노동인권수업에서 학생들이 관련 용어를 어렵고 생소하게 느끼는 이유가 바로 이 때문이다. 그래서 이번에는 학생들이 자신만의 언어로 개념을 풀어내는 활동을 구성해 보았다. 학생들이 수업에서 새롭게 학습하는 개념을 일상적으로 어떻게 사용하는지 묻고 교과서에 나오는 의미와 어떻게 다른지 비교해 보도록 한다. 교과서나 책 속에 박혀 있는 개념을 밖으로 끄집어내기 위한 사전 찾기 활동이나 단어 카드를 활용했다.

한편으로 학생들이 교실을 뛰어넘어 시간과 공간을 아우르고 다양한 타인들과 만날 수 있도록 자료 글과 영상을 많이 활용했다. 재미있는 글과 다양한 영상은 사회와 세계를 바라볼 수 있는 시각을 넓혀 주기 때문에 학생들의 호응도 좋고, 수업을 다채롭게 만들어 준다. 하지만 매체가 생산한 날것의 자료를 그대로 활용할 것인지, 교사의 의도를 담을 것인지, 학생 수준에 맞추려고 가공하여 본래의 의미가 퇴색되지는 않는지 많은 고민이 필요했다. 학생들은 일상적으로 여러 매체의 시각 자료들을 접하고 있기 때문에 자료가 제시하는 관점을 그대로 수용하지 않고 비판적이고 올바르게 활용할 수 있는 방법도 함께 나누고자 했다.

수업 활동 | 감수성을 높이는 주제별 그림책 읽기

학생들의 삶과 사회에 대한 감수성을 높이기 위한 방법으로 그림책을 활용했다. 고등학생들에게 그림책을 내밀면 처음엔 어린아이나 읽는 책을 읽어야 하냐며 의구심을 가지기도 한다. 하지만 그림책의 이야기 전개 방식에 금방 몰입하고 그림과 글을 확장하여 자신만의 풍부한 해석을 내놓는다. 그림책 속 인물의 입장에서 생각해 보려는 노력이 클수록, 사회현상에 대한 감수성이 클수록, 학교에서 이루어진 학습활동과 연결하여 스스로 사회문제를 해결하거나 더 나은 사회를 만들고자 하는 실천력도 높아진다.

다양한 주제와 형태로 나와 있는 그림책들 중에서 고등학생들과 수업 시간에 함께 읽기 위한 그림책을 고를 때에는 교육과정과 연계가능성을 가장 중요하게 생각했다. 그래서 그림책의 교육과정과 연계한 주제가 잘 담겨 있는지 살펴보았다. 단순한 교훈이나 정보만을 제공하는 그림책보다는 그림과 글 속에 사회현상의 이면을 비유적으로 다루고 있는 그림책이 좋다. 작가의 의도를 포함하여 하나의 그림이나 문장을 여러 방면으로 해석하며 하나의 현상을 다각도로 볼 수 있기 때문이다. 평소 교과서에서 담아내지 못한 주체들의 이야기, 새롭고 독특한 시선의 이야기, 그림체가 독특하거나 예뻐서 새로운 시각적 효과를 보여 주는 이야기 등을 선정 기준으로 삼았다. 또한 하나의 주제와 관련된 그림책들을 여러 권 펼쳐 놓고 학생들이 흥미 있어 하는 그림책들을 중심으로 수업을 구성하기도 했다. 그림책 놀이 매거진 가온빛(http://gaonbit.kr)은 주제별로 다양한 그림책들을 소개하고 있어서 수업에서 활용하기 좋다. 노동을 주제로 한 그림책도 안내하고 있다.

노동인권과 관련 있는 그림책을 선정하여 작은 그림책방을 교실에서 열었다. 도서관이나 학교 정원 등 책을 읽고 함께 이야기를 나누기 좋은 장소라면 어디든 좋았다. 학생들 중 친구에게 책을 소개해 주고 책을 자신의 목소리로 읽어 줄 책방 주인을 5~6명으로 정했다. 책방 주인들이 내가 가져간 책 중에서 마음에 드는 책 하나를 골라 자신만의 책방을 만들었다.

당시 함께 읽은 책은 『콩고 광장의 자유』, 『우리는 내일의 전태일입니다』, 『토사장과 초콜릿 공장』, 『누가 진짜 나일까?』, 『우리 엄마는 청소노동자예요』였다. 여러 책을 자유롭게 읽도록 하는 것은 다양한 책 속에 나오는 상황을 접하고 함께 생각을 나누고, 여러 노동현장에 대해 느끼게 하기 위해서였다. 우리나라의 상황이나 실제 현실을 직접적으로 다루는 것은 아니지만 노동인권과 관련하여 생각거리를 던져 줄 수 있는 책을 우선적으로 선정했다.

『콩고 광장의 자유』
캐럴 보스턴 위더포드 글 | R. 그레고리 크리스티 그림 | 김서정 옮김

미국 뉴올리언스의 노예들이 혹독한 노동에 시달렸던 실화를 바탕으로 한 이야기이다. 간결하면서도 함축적인 글에 어려운 환경 속에서도 자유를 꿈꾸는 이들을 인상적인 색상과 아름다운 선으로 그려 낸 그림이 오래도록 여운을 준다.

『우리는 내일의 전태일입니다』 조경희 글 | 양수홍 그림

부당한 대우를 받으며 일하던 평화시장의 노동자들을 위해 목숨을 바친 전태일의 삶을 조명하고 1960~1970년대 고도의 경제 성장 뒤에 가려진 열악한 노동 현실을 이야기한다. 글이 많은 편이지만 고등학생 수준에서 요약 읽기가 가능하다.

『누가 진짜 나일까?』
다비드 칼리 글 | 클라우디아 팔마루치 그림 | 나선희 옮김

일에 떠밀려 정작 무엇이 더 중요한지 무엇이 우선인지 잊고 살아가는 우리의 자화상을 담담하게 보여 준다. 철학적 스토리와 의미심장한 그림들이 많은 질문을 던진다. 거대한 구조 속에서 부품처럼 일하는 우리의 삶에 대해서 생각하게 한다.

『토사장과 초콜릿 공장』 일리스 돌런 지음 | 홍연미 옮김

기업가와 노동자 사이에서 발생하는 갈등 요소를 비유를 통해 쉽고 재미있게 표현한 책이다. 효율성과 이익 극대화를 추구하는 기업가의 입장과 인권을 중시하는 노동자의 입장이 잘 나타나 있어 토론 주제로 좋다.

『우리 엄마는 청소노동자예요』
다이애나 콘 글 | 프란시스코 델가도 그림 | 마음물꼬 옮김

2000년의 'LA 청소노동자를 위한 정의 운동'을 승리로 이끈 인물과 당시의 파업 이야기를 엮었다. 노동자의 기본 권리와 시민과의 연대에 관한 이야기를 담담하게 그리고 있다.

『양들은 지금 파업 중』 장 프랑수아 뒤몽 지음 | 이주희 옮김

양들이 털을 깎는 것에 대해 이의를 제기하고 파업하는 과정에서 양치기 개와 다른 동물들이 대책 회의를 한다는 내용이다. 자신의 주장을 내세우고, 다른 이의 이야기를 이해하고 배려하는 과정들이 동물들을 통해 재미있게 그려진다.

'책방'이라고 이름을 붙이긴 했지만 기존의 4인 모둠 책상 배치에 그림책 읽어 주는 주인 의자 하나, 손님 의자 세 개를 붙인 것이다. '주인'으로 명명하여 책 읽기에 책임감을 부여하니, '손님'도 재밌어 하며 적극적이 되었다. 책방 주인을 맡은 학생들은 자신의 책방에 이름을 정하고, 책에 대한 소개를 간단히 한 후 실감나게 읽어 주었다.

책방 주인의 책 읽기가 시작되자 아이들은 모두 그림책의 그림을 바라보고, 주인의 목소리에 귀를 쫑긋 세웠다. 각 책방별로 다른 이야기가 진행되기 때문에 서로 방해되지 않는 선에서 읽어 주기가 진행될 수 있도록 했다. 그림과 글로 쉽게 파악되는 경우가 많기 때문에 학생들은 각 장면마다 자신들의 감상을 쏟아 내기도 했다. 책방 주인도 손님들의 반응에 맞춰 더 실감나게 읽고 이야기를 잘 전달할 수 있도록 노력했다. 주인은 단순히 책을 읽어 주는 역할에 머무는 것이 아니라 책방 손님을 맞이하고 읽은 후 소감과 퀴즈를 진행하는 진행자 역할을 함께 했다.

"지금까지 잘 들어주셔서 감사합니다. 그럼 이제 자신이 느낀 소감을 짧게 활동지에 정리하고 나눔을 해 주실까요?"

책방 주인이 이렇게 질문하면 손님들도 솔직하게 감상을 말했다.

"청소 노동자들의 적극적인 노력이 없었다면 여전히 열악한 환

▲ 책방 주인이 된 학생이 손님에게 그림책을 설명하는 모습

▲ 노동인권 그림책 읽기와 관련한 활동지 예시

경에서 일하고 있었을 거라고 생각합니다. 자신이 가지고 있는 권리를 알고 변화를 위해 노력해야 합니다."

"얼마 전 신문에서 본 어느 대학 청소 노동자의 모습이 떠올랐어요. 우리나라에서 여전히 발생하는 일이네요. 청소 노동자뿐만 아니라 다양한 노동자들의 이야기예요."

"전 사실 잘 와 닿지 않네요. 미국 이야기 아닌가요? 그래도 친구들 이야기를 들어 보니 관심을 좀 가져 봐야겠다는 생각이 드네요. 누구든 같은 상황에 처할 수 있으니까요."

손님들은 책방 주인의 진행에 따라 자신의 생각을 나누고 새롭게 알게 된 부분 등을 활동지에 정리했다. 그리고 책방 주인과 손님이 서로 성실히 활동한 경우 활동 토큰으로 색깔 스티커를 교환하도록 했다.

그림책 수업은 세세하게 내용을 모두 다루기보다는 노동인권 교육을 위한 동기유발로 노동문제를 살펴본다는 생각으로 진행했다. 이후 경제활동이나 노동인권 관련 내용의 개념과 사실이 나올 때 그림책의 이야기를 연결하여 새로운 활동을 진행할 수도 있다. 또는 학생들이 평소 접하기 어려운 노동현장을 쉽게 엿볼 수 있는 기회로 삼고 각 노동문제별로 자신들의 인식을 새롭게 하는 계기로 삼을 수 있을 것이라 기대한다.

| 수업 후기 | 마음을 열고 노동을 보는 수업

그림, 책, 영상 등을 활용한 수업은 다양한 기관에서 만들어 놓은 자료들을 살펴보면서 교사 스스로 노동인권교육에 대한 내용과 관점을 넓히는 시간을 가지면서 준비하였다. 수많은 자료들 중에서 현재 교사가 가르치고 있는 학생들이 노동인권에 대해 얼마나 인지하고 있는지, 책이나 영상에 대한 이해도가 얼마나 되는지 살펴보고 적합도를 따져 선별해 볼 수 있을 것이다. 이미 개발되어 있는 자료들을 재구성하는 것만으로도 충분히 좋은 노동인권 수업이 될 것이라 생각한다.

그림책 활용 수업은 학생들의 호응이 좋은 편이다. 정치학이나 법학에서 나오는 어려운 용어들보다는 일상에서 쉽게 쓰이는 말로 은유적으로 표현되기 때문이다. 무엇보다 학생들은 그림을 보는 것에 매우 흥미를 가지고 있었다. 그림체나 색감, 인물과 풍경의 묘사가 그림책마다 각기 다른 특성을 가지고 있었지만 책마다 고유의 특징들을 신선하게 받아들이는 모습을 보였다. 교사가 의도했던 그림이나 글 이외에도 세심하고 날카롭게 노동인권문제와 연결 지어 설명하는 몇몇 학생들의 나눔이 수업을 풍성하게 만드는 데 큰 도움을 주었다. 교사가 벌여 놓은 판에 그림책을 매개로 학생들이 노동인권의 의미와 현상들에 대해서 자연스럽게 이야기하는 기회를 만들 수 있어서 쉽게 접근할 수 있는 수업이다.

그런데 그림책의 의미를 이해하고 받아들이는 정도가 학생마다 다양하기 때문에 단순히 이야기를 주고받는 활동으로만 그치지 않고 좀 더 가시화할 수 있는 결과물로 만들어 보는 것이 좋다. 실제 그림책에 대한 생각을 간단히 그림이나 영상으로 표현하도록 하여 서로 공유하기도 하고, 친구들이나 다음 세대를 위한 노동인권을 주제로 한 그림책을 만들기도 했다. 수업시간과 진도 등의 제약이 있는 편이지만 하나의 수업 내에서 경제, 법, 인권, 정의 등의 주제와 연계하여 다양하게 수업을 재구성하거나 다른 교과와의 연계를 통해서 새로운 방향으로 그림책을 활용한 노동인권수업을 펼칠 수 있을 것이라 생각한다.

노동인권문제를 **함께 풀어가는 수업**

> **도입** 노동인권문제를 학교 안으로 가져오다

교육계도 차츰 '노동인권'에 주목하고 교육의 필요성을 느끼고 있다. 깨어 있는 시민들이 폭력, 억압, 물질 만능 앞에서 표면적인 갈등 없이 순응하며 살기보다는 다양한 방면으로 자신들의 목소리를 표출하여 사회를 변화시켜 보자고 목소리를 낸 덕분에 생긴 변화일 것이다. 소수의 사람들이 정해 놓은 하나의 방향으로 나아가는 사회가 아니라 어떤 가치와 방법으로 살아갈 것인가 사회 구성원들이 치열하게 고민하고 협의하는 과정이 계속 이어져야 한다. '노동인권'은 우리 사회가 추구해야 할 가치 중의 하나이다.

하지만 실제로 노동인권의 보장을 위해 사회적으로 어떤 합의들을 만들어 갈 것인지에 대해서는 의견이 분분하기 때문에 수업을 통해 학생들과 고민해 볼 여지가 많은 주제이다. 학생들 스스로 삶의 현장에서 어떻게 자신의 권리를 지킬 것인가 하는 개인적인 문제부터 우리 사회가 어떤 관점으로 노동의 가치와 노동자의 의미를 정의하고 그에 따라 관련 법적, 경제적 여건들을 만들어갈 것인지 합의해 가는 사회적 합의까지 다층적인 접근이 필요하다. 더불어 기술의 변화로 인해 일의 의미가 급변하는 사회에서의 노동이 가지는 함의를 생각해 볼 필요가 있다.

더불어 학교는 학생들이 처음 만나는 사회이기 때문에 학교생활이 원활하게 이루어지지 않을 때 이것이 곧 사람에 대한 외면과 소외, 사회에 대한 편견, 무기력으로 이어질 수도 있다. 우리가 몸담고 있는 학교의 현상을 면밀히 관찰하고 문제를 발견하고 해결해 가는 과정이 사회를 배워 가는 과정이며, 이 과정 속에서 느끼는 성취감이 사회를 더 나은 곳으로 만들고자 하는 원동력이 될 것이다. 이러한 과정을 학생들이 원활하게 진행할 수 있도록 돕는 것이 교사의 역할일 것이다.

수업 열기 ▸ 문제해결을 위한 실천 방안 모색하기

노동인권수업에서 학생들이 배워야 할 내용 요소들은 적지 않다. 실제적으로 사회에서 노동을 하면서 직접적으로 마주할 현실적인 문제들을 해결하기 위한 기본적인 내용들이 많기 때문이다. 그래서 대부분의 노동인권교육은 노동법과 관련한 지식들을 전달하는 방식으로 수업이 진행되기 마련이다. 그런데 학생들이 법적, 학문적 내용들만 가지고는 사회에서 발생하는 많은 노동인권문제를 실질적으로 해결하기 어려울 수 있다. 노동법을 많이 아는 것도 큰 도움이 되지만 구슬이 서말이라도 꿰어야 보배가 되듯이 자신이 알고 있는 것들을 어떻게 유용하게 사용할 수 있을 것인가는 또 다른 학습의 영역이다. 학생 개인 또는 학생이 속한 집단에서 노동인권문제에 직면했을 때 어떻게 풀어 나가야 할 것인가를 직접 경험해 보는 것이 필요하다.

수업을 통해 학생들이 삶에서 실제로 노동인권 문제를 해결하고 사회구성원으로서 잘 살아가는 힘을 기르는 것, 즉 문제해결력과 실천력을 높이는 것이 이 수업의 목표이다. 이번 수업에서는 학생들이 하나의 문제를 두고 노사간 협상을 해 보는 시간을 가졌다. 이번 수업과 직접적으로 연결하지는 않았지만 다른 주제와 연결하여 노동자, 기업가의 입장에서 어떤 방침을 세울 것인가를 생각해 보는 시간도 유사하게 문제해결력과 실천력을 높이기 위한 체험이었다.

이러한 문제해결력을 기르기 위한 수업은 단순히 어떤 방법과 절차를 아는 것을 넘어서 교사와 학생이 상호 배움의 과정이 일어날 수 있도록 수평적인 배움 중심의 수업 분위기를 만드는 것이 중요하다. 교사의 일방적인 가르침을 벗어나 학생이 주체적으로 수업을 끌어가면서 배움의 주체성을 회복하고 자기 자신이 누구인지 깨닫고 자신의 잠재력을 발견하는 과정으로서 의미를 가진다.

> **수업 활동** 노사관계와 협상을 체험하기 위한 매체 활용하기

노동인권교육에서 학생들과 학습해야 하는 개념들은 대개 경제학이나 법학 용어들이 많아 고등학생들도 생소하게 느끼는 편이다. 그래서 개념과 사실을 조금 쉽게 접근하고 현상을 통해 개념을 추출해 낼 수 있도록 수업을 구성했다.

학생들 주변의 사례를 수집하여 수업 안으로 가져오고, 학생들이 학습 주제에 대해 직접 겪은 이야기를 자유롭게 말하고 풀어낼 수 있는 시간을 충분히 주려고 했다. 수업 시간에 자신의 경험을 이야기하고 생각할 시간을 갖는다면 사회에 대한 자신의 시각을 되돌아볼 수 있을 것이다. 그래서 학생들이 의미를 두지 않고 교과서 속의 나열된 설명으로만 소개된 사회현상을 자신의 삶과 연결시켜 의미를 부여하고 생동감을 높이기를 바랐다.

"여러분은 경제활동에 참여하는 주체들이 누구인지 알고 있나요?"

"노사관계라는 말 들어 본 적 있죠? 어떤 관계가 만들어져야 할까요?"

"노동조합이라는 말을 들으면 어떤 생각이 드나요? 노동자들의 파업을 본 적이 있나요?"

이런 질문을 다각도로 했을 때 학생들의 반응은 단편적이다. 평소 자신들이 생각하지 않은 분야라는 반응이거나 대개는 폭력

적인 장면의 단상으로만 기억했다. 이럴 때 이야기를 조금 더 쉽게 끌어내기 위해서 그림책이나 영상을 활용한다. 이번 수업에서는 '노사관계와 협상'에 대한 주제를 위해 드라마 '송곳'과 그림책 『탁탁 톡톡 음매, 젖소가 편지를 쓴대요』를 활용했다. 이 활동은 2018년 서울시교육청이 만든 「고등학교 교육과정 연계 노동인권 지도자료」(일반고)의 활동지를 참고하여 수정 보완하여 진행했다.

『탁탁 톡톡 음매, 젖소가 편지를 쓴대요』
도린 크로닌 글 | 베시 르윈 그림 | 이상희 옮김

젖소, 닭, 오리 등 동물들을 빗대어서 기업가와 노동자 사이의 협상 과정을 보여 주는 이야기다. 기업가인 주인 아저씨와 노동자인 동물들 사이에서 서로의 요구 조건을 위해 협상하고 타협하는 과정을 재미있고 자연스럽게 잘 그리고 있다.

드라마 '송곳'

최규석 작가의 웹툰 '송곳'을 원작으로 한 드라마로 마트에서 벌어지는 정리해고 과정을 중심으로 이야기가 전개된다. 노동자들이 겪은 인격적인 모독을 현실적으로 그렸으며 정리해고에 맞선 싸움을 본격적으로 그렸다.

『탁탁 톡톡 음매, 젖소가 편지를 쓴대요』를 읽으면서 노동 3권에 대한 개념을 알고 있는지 확인했다.

"젖소들은 왜 주인아저씨에 편지를 보냈을까요?"

"자신들이 필요한 요구를 문서화해서 보낸 겁니다."

"젖소와 닭이 함께 노동현장에 대해 필요한 이야기를 하고 있네요. 그럼 오리는 어떤가요?"

"오리들은 자신들이 중립적인 역할을 한다고 생각했지만 결국 부당한 상황에 처해 있음을 깨달아요."

책 전체를 읽은 다음 몇 장면을 발췌해서 낭독했다. 전체적인 이야기의 흐름을 아는 것보다는 노사관계에서 필요한 '권리'의 의미를 중심으로 이야기를 전개하고자 했기 때문이다. 이렇게 노동 3권의 의미를 확인하자 이를 헌법에 제시된 노동 3권과 연결 짓는 것은 어렵지 않았다. 그리고 학생들이 노동자와 사용자의 입장에서 자신의 입장을 표현하고 협상할 수 있는 활동을 진행했다. 협상의 내용은 근무시간, 임금피크제, 월급인상 등에 대해 각자의 입장에서 어떤 생각을 가지고 있는지 들어보고, 협상의 기술을 활용하여 재차 협상을 진행하는 것이었다. 수업의 구성과 계획은 학생들이 문제 현상에 대한 정보 탐색과 입장 정리 그리고 그에 맞춘 치열한 협상 과정 등으로 생각하였으나 현실적으로 고등학교 3학년들에게 수업 이외의 시간에 과제를 부여하고 적극적인 활동을 기대하기 어려운 부분이 있었기에 수업을 진행하는 데 고민이 많았다. 결국 서울시교육청이 만든 「고등학교 교육과정 연계 노동인권 지도자료」(일반고)의 협상의 7가지 기술을 활용하여 간략히 노사 협상과정을 맛보는 정도로 진행하였다.

"제가 찾아보니 현재 실질물가상승률이 전년대비 1%에 육박합니다. 이대로는 생활비를 감당하기가 어려워요. 임금도 같이 올라야 합니다. 임금인상을 고려해 주세요."

"그런데 현재 우리 회사의 사정상 근로기준법 개정으로 인해 근무시간이 줄어드는 것만 해도 감당하기 어려워요."

"그러니까요. 우리 회사는 기본급보다 수당의 비중이 높은 임금 체계를 가지고 있잖아요. 근무시간도 줄어드는 데 기본급은 그대로잖아요."

"그러면 대신 다른 방식으로 고용된 인원수를 가지고 이야기해 볼까요?"

수업 활동에서 교사가 제시한 자료를 중심으로만 협상을 진행하다 보니 학생들의 협상 대화 속에서 이야기할 수 있는 여지가 넓지 않았다. 다만 경제 수업이라서 경제학의 개념들과 다양한 경제와 노동인권문제 상황들을 이미 학습하고 토의, 토론해 온 배경지식을 바탕으로 원활하게 협상안들을 도출하였다. 1차 노동조합 내, 사용자 내 협상, 2차 노동조합과 사용자 간의 협상, 3차 재협상 및 합의안 도출 및 서명까지 약식이기는 하지만 학생들이 노동자와 사용자 간의 협의할 문제가 발생했을 때 의견을 어떤 과정을 거쳐 표현할 수 있는지 체험해 보는 기회가 되었다.

"선생님, 연습인데도 막상 제 입장이라고 생각하니까 생각보다 치열하게 이야기 나눴어요. 진짜라면 어휴, 생각만 해도 어렵네요."

"이러한 과정이 있다는 건 알겠는데, 실제 어떻게 활용할지는 고민이 되네요."

"그래도 이런 과정을 체험해 보는 건 좋을 것 같아요."

학생들이 협상 과정을 대략적으로나마 경험해 보았다는 데 의의를 두었다. 다시 수업을 진행한다면 문제 선정, 관련 내용에 대한 법률적·경제적 자료 수집과 검토, 대표자 선출과 구체적인 협상 과정 구현, 협상안 도출과 향후 결과 예상 등 좀 더 구체적인 수업 설계를 통해 학생들의 참여를 이끌어 낼 수 있도록 해야 한다.

| 수업 후기 | 새로운 눈으로 노동을 바라보는 수업

노사관계와 관련한 협상 수업은 사실 한 교과 내에서만 다루기에 아쉬운 부분이 있었다. 협상이 무엇인지, 주체별 협상 전략을 어떻게 짜야 하는지, 협상의 내용을 어떻게 학습하고, 정보 수집해야 하는지, 협상자인 노동자로서 자신들이 주장해야 할 것은 무엇인지 등 노사관계 협상 과정을 학습한다고 뭉뚱그리기에는 고등학생들과의 수업에서도 만만치 않았다. 따라서 교과간의 융합을 통해 수업시간을 확보하고 좀 더 구체적인 상황을 중심으로 토의 토론 과정, 실제적인 협상안 도출 등 프로젝트 수업으로 구성해 볼 것을 제안한다. 국어과에서의 협상의 절차와 단계 실습, 사회과에서 노동현장에서 활용 가능한 노동 관련 법규의 이해, 영어과에서 외국과 한국의 노동현장과 법 해석의 차이, 기술가정과나 진로

직업과의 실제 노동현장에서 적용 가능한 수칙 적용하기 등 다양한 방식으로 적용과 확장이 가능할 수 있다. 한두 차시의 수업보다 학생들과 장기적인 체험을 통해 성찰과 실천 방법을 모색하고 변화 모습을 나누는 것이 더 적절하다고 생각한다.

현재 우리 사회에서 발생하고 있는 현상을 드라마, 영화나 언론 매체의 기사에서 찾아보는 시간을 가질 때면 예상치 못한 학생들의 질문에 난감할 때가 많았다.

"선생님, 저희 법적으로 정해진 권리들을 배웠잖아요. 그래서 든든하다고 생각했는데요, 드라마나 기사를 보니까 현실에서는 잘 안 되나 봐요? 법을 배우긴 배우는 데 써먹을 수는 있을지 모르겠네요."

"현실에서 노동자들이 가지는 어려움이 있기 때문에 법이 만들어진 것이죠. 우리는 법을 잘 알고 이를 실생활에서 적용할 수 있어야 해요. 더불어 법이 정한 최소한의 기준이 지켜질 수 있는 사회를 만들도록 함께 노력해야 하는 거죠."

"근데 저렇게 애를 쓰는 데도 결국 기업과 정부가 외면하잖아요. 저희라고 별수 있을까요?"

"어려운 부분이지만 우리가 함께 알고 노력해 가면 나아지지 않을까요?"

법적인 권리가 실현되지 않고 현실에서 벽에 부딪히는 이야기가 오히려 학생들에게 무기력감을 주는 것은 아닌지 걱정스럽기도 했다. 많은 사람들의 희생과 고군분투를 보면서 우리는 어떻게 노동인권을 함양시키기 위해서 노력해야 할지 앞길이 아득한 적도 있었다. 모호한 답변으로 수업을 끝내면서 뒷맛이 씁쓸하지만 미미하더라도 이번 수업을 통해 학생들이 노동인권에 대한 새로운 시각과 동력을 얻었기를 기대해 본다.

학생들의 삶에서 시작하는 노동인권수업

| 수업 열기 | 일터와 학교 사이의 학생들

매일 지각이 잦은 한 학생은 패스트푸드점에서 아르바이트를 하고 있었다. 늦게까지 공부를 하느라 지친 아이들도 많지만 그 학생은 아르바이트 생활에 지쳐 학교에서 몸을 가누기 어려울 정도로 피곤해했다. 그나마 청소년 노동가능시간에 맞춰 일을 할 수 있는 학생은 양호한 편이고, 이보다 더 힘들게 아르바이트를 하는 학생들도 많다 보니, 아르바이트에 대한 이야기가 학생들 사이에서 자연스럽게 오갔다. 풍족한 환경에서 학습에만 집중할 수 있는 아이들도 있지만 생계를 위해, 용돈벌이를 위해 아르바이트를 하며 사회와 맞닿아 있는 학생들이 꽤 많은 편이다.

아이들과 알바 시간이나 알바비에 대한 대화를 나누면서 청소년이라 부당한 대우를 받고 있는 건 아닌가 생각하다가 문득 스무 살이 넘어서도 노동권과 계약 조건 등에 대해서 제대로 교육받아 본 적이 없는 스스로의 모습을 떠올리고는 이것이 아이들만의 문제는 아니구나 싶었다. 중학교 사회 교과서나 통합사회 교과서를 통해 청소년 노동권과 근로계약서 작성 등이 명시적으로 학습되고 있으나 학생들이 가지고 있는 관련 내용에 대한 이해와 적용은 매우 부족한 수준이다. 이미 경제활동을 시작한 학생들에게는 조금 늦어 버린, 아직 경제활동을 시작하지 않아서 자신의 문제가 아니라고 도외시 하는 학생들에게는 노동의 의미를 일깨우는 수업이 필요한 시점이다.

교과서 속의 청소년 노동권과 근로계약서를 글로만 배우면 학생들에게는 선언적인 의미밖에 되지 않는다. 단순히 시험을 보기 위해서 암기식으로 학습하게 된다는 말이다. 어떤 장소에서 청소년 노동이 불가능한지, 올해의 최저시급은 얼마인지, 내가 근무한 조건에서는 주휴수당은 어떻게 계산하는지, 근로계약서에는 어떤 내용이 들어가는지 등 정작 중요한 내용은 모르고 넘어가게 된다. 교과서에 노동권과 관련한 내용이 기술되어 있다는 사실도 매우 중요하고 노동권과 관련한 법적인 지식을 아는 것도 의미가 있으나 아이들의 삶에 보다 직접적으로 도움이 되는 수업을 구성하고 싶었다.

더불어 노동권이 노동자 개인의 권리 찾기로 끝나는 것이 아니라 사회구조적인 측면에서 어떤 의미를 가지고 있는지 함께 생각하고 이야기를 나눌 수 있도록 관련 자료를 활용하여 수업하면 학생들의 사고를 확장시킬 수 있을 것이다. 서울시에서 만든 「청소년 노동권리 수첩』(2016)이나 영화 '카트'의 청소년 노동현장 장면, 지식채널 '너 그거 알아', 책 『십 대 밑바닥 노동』, 『우리가 몰랐던 노동 이야기』, 청소년 노동 관련 기사 등을 살펴보고 수업 구성에 참고했다.

특히 그중에서도 아르바이트를 통해 노동의 의미를 생각하게 만드는 책 『알바에게 주는 지침』(이남석, 2012)의 일부를 함께 읽기로 했다. 현실을 적확하게 표현하는 동시에 풍자가 있어 노동문제의 현상을 재미있게 파악하고 사회구조 속에서 아르바이트와 노동의 의미를 살펴볼 수 있을 것이라 기대했다.

수업 활동1 청소년 노동권 제대로 알아보기

수업에 들어가면서 인권 단원과 청소년 노동권의 관계에 대해서 함께 이야기해 보았다.

"청소년 노동권이 경제활동의 한 축으로 이야기되지 않고, 인권에서 이야기되는 이유가 뭘까요?"

"실제 학생들이 피해를 많이 받으니까요. 10시 넘어서까지 일한 적도 있대요."

"배달 아르바이트 하는 애는 넘어져서 다쳤는데도 그냥 어물쩍 넘어갔대요."

교사가 제대로 인지하지 못하고 있던 노동 경험이 있는 학생들의 이야기가 하나둘 나왔다. 자기 경험보다 주변에 아르바이트를 하는 친구의 이야기를 대신 전해 주었다. 몇몇 아이들의 경험에서 나온 사례들을 바탕으로 이야기를 끌어나가기에는 교사가 감당하지 못할 거대한 문제들이 나올까 봐 조심스럽기도 했다. 아직 청소년 노동권에 대한 이야기를 구체적으로 시작하기도 전에 교사에게 상담조로 이런 경우엔 어떻게 되냐, 저런 경우에는 본인이 나서도 되냐 등 한숨 섞인 이야기들을 털어놓는 학생들이 간혹 있었다. 학급에 따라서 아르바이트를 하는 아이들이 3~4명인 경우도 있지만 거의 없는 경우에도 주변 친구들이나 가까운 지인, 형제나 자매의 이야기에서 인권과 노동권의 관계를 생각해 보자고 발문해 보았다.

인권이란 인간으로서 당연히 누려야 할 권리임에도 청소년 노동권이 경제활동과 연결되어 나오지 않고, 인권의 한 예시로 나오는 것은 그만큼 우리 사회에서 청소년들의 권리가 성인과는 다르게 취급되기 때문이라는 가설에 이야기가 다다랐다. 인권 단원에서 여러 가지 인권 문제의 사례를 통해 권리에 대한 요구와 책임의 문제에 관해 이야기를 나누었던 경험은 아이들로 하여금 청소년 노동권에 대해서도 정확히 알아보자는 동기유발로 이어지는 매개가 된다. 지금 자신의 친구와 가족들이 직면한 문제이며, 자신도 곧 마주할 문제라는 인식이 고등학생들에게는 조금 더 크게 느껴졌다.

　노동권과 청소년의 노동문제에 대해 이야기하기 위해 책 『알바에게 주는 지침』의 일부를 부분별로 읽고 친구들에게 서로 설명해 주는 시간을 가졌다.

　"선생님, 이게 뭐예요? 알바에게 주는 지침?"

　"너희들 대부분이 사회생활의 첫 시작으로 아르바이트를 하게 될 텐데, 우리가 미리 알아보는 것이 좋겠지? 물론 이미 아르바이트를 하고 있는 친구들도 있겠지만 말이야."

　"전 아르바이트 안 할 건데요. 바로 정규직 될 건데요."

　"아르바이트를 안 하더라도, 현재 우리 사회의 다양한 노동의 형태 중에 하나인 아르바이트의 모습을 살펴보는 것은 의미가 있겠지?"

　"내용이 좀 어렵긴 하지만 재미는 있네요."

　대부분의 학생들은 책 제목부터 신기하다는 반응을 보였다. 그런데 몇몇 학생들의 반응에 당황스러울 때도 있다. 학교에 있는 아르바이트를 하는 학생들과의 공유점을 찾는 동시에 어쩌면 사회생활의 첫발을 아르바이트라는 이름으로 만나게 될 학생들이 자신의 노동권을 살펴보도록 하려는 의도였는데 별안간 '아르바이트는 문제가 많고 정규직이 좋다'는 대답이 나올 줄은 몰랐기 때문이다. 우리 사회와 시장에서 왜곡되어 규정지어진 대로 반응하는 부분이기도 할 것이다.

아르바이트에서 보이는 노동의 의미와 내용을 하나하나 정리하기보다는 아이들이 새롭게 알게 된 점과 궁금한 점, 느낀 점을 바탕으로 자유롭게 이야기를 풀어가 보도록 했다. 그러고 나서 노동자가 가지는 권리와 그중에서도 청소년에게 적용되는 권리를 정리해서 함께 퀴즈로 풀어 보는 시간을 가졌다. 통념상으로 알고 있는 내용이 많은 편이었지만 학생들이 생각한 부분과 법적인 내용이 다를 때에는 탄식이 나오기도 했다. 법적으로 당연한 이야기들이 현실에서 잘 지켜지지 않아서 기사나 뉴스에 나오는 일들이 학생들에게 더 친숙했기 때문이다. 더불어 노동자로서의 책임감이 중요함을 함께 이야기했다.

"전 아르바이트 하면서 계약을 말로만 했었는데요, 사장님과 다시 한 번 이야기해서 간단하게라도 써 둬야겠어요."

"일주일에 15시간 이상 일하는데, 주휴수당을 몰라서 전혀 못 챙겼어요."

"계약서에 특이사항을 넣은 것들 중에 오늘 배운 '위약금'과 관련된 내용들이 있었어요. 전 원래 그런 줄 알았는데요."

학생들이 원래 알고 있는 내용들은 주로 최저시급과 청소년이 일을 하지 못하는 장소 등에 관한 것들이었다. 대부분 초등학교나 중학교에서 배우거나 직접 아르바이트를 하며 체득한 부분이었다.

학생들이 간과하고 있는 부분 중에 하나가 계약서에 포함된 내용이다. 사실 계약서 한 장이라고 뭉뚱그려 말하기에는 그 문서에

▲ 청소년 노동권과 관련한 활동지 예시

많은 내용들이 담겨 있다. 계약서 작성을 꼭 해야 한다는 단순한 사실부터 서로간의 금전적인 약속만이 아니라 법적으로 부당한 약속들이 무엇인지 인지하게 되는 것까지 필요하다. 학생들은 자신이 더 일하는 것에 대해 정당한 급여를 지급받아야 한다는 것과 현장에서 다치게 되었을 때 산재처리를 하는 방법에 관심이 많았다. 사실 더 중요한 단계는 그다음이다. 학생들이 직접 자신이 일하는 현장에서 활용하는 것 말이다.

다른 어떤 주제의 수업에서도 항상 시큰둥하기만 했던 학생이 이번 수업에서는 눈을 반짝이며 수업에 참여했다. 자신이 지금 겪고 있는 문제라서 관심이 컸기 때문이기도 하고 다른 사람들보다 경험자로서 친구들의 주목을 많이 받았기 때문도 있었으리라. 그 학생은 소규모 점포보다는 규모가 크고 시설이 잘 갖춰진 패스트푸드점에서 일하고 있기 때문에 자신이 일하는 환경이 좋다고 생각했는데, 그렇지 못한 부분들이 있었다고 말해 주었다.

수업을 통해 학생들이 새롭게 알게 된 것을 자신들의 현재와 미래의 일에서 활용하는 것도 매우 중요하겠지만 학생 스스로 노동현장과 노동에 대한 생각해 볼 지점을 만들어 가겠다는 말에 수업의 목적은 달성한 듯했다.

수업 활동2 **노동현장 상황을 활용한 시뮬레이션**

청소년 노동권의 법적인 내용을 학습하고 나서 영화를 활용해 상황을 적용해 보는 활동을 했다. 영화 '카트'는 마트를 배경으로 다양한 노동자들의 삶을 조명하는데 남녀노소 각자 다르면서도 닮은 노동현장의 문제점들을 차분하게 풀어 간다. 주인공의 아들로 등장하는 태영은 편의점에서 아르바이트를 하는데 사장으로부터 임금을 받지 못하는 상황을 맞는다. 영화를 본 다음 영화 속에서 법적으로 잘못된 것을 찾아보는 활동을 했다.

"선생님, 문제들이 너무 많은데요."

"우선 영화 속 장면들이 법적으로 어떻게 잘못되었는지 써 보고 그 이유를 말해 보세요."

"근데 이 장면은 친구가 주휴수당 받는다고 했다가 짤린 거랑 비슷해요."

"네. 그렇군요. 현실적인 문제와 영화 속 장면이 겹쳐지니 참 씁쓸하네요."

"중요하게 생각 안 했는데, 청소년이라서 노동의 대우를 못 받는다니 가슴이 너무 아프고 앞날이 걱정돼요."

수업을 진행하면서 법과 현실 사이의 괴리감을 다시 한 번 느꼈다. 실제 법적으로 더 보장해야 할 것들이 무엇인지 이야기를 나누어 보았다. 교육활동과 경제활동 사이에서 두 가지를 모두 해

내야만 하는 학생들의 경우는 이야기를 나누는 것이 조심스러워졌다. 자신이 처한 부당한 현실들에 대해 고민을 털어놓으면 다양한 방법으로 해결해 보자고 권유하지만 해결 과정이 순탄치만은 않기 때문이다. 지금 당장 필요한 아이들을 위해서라도, 앞으로 자신의 일을 해낼 아이들을 위해서라도 어떤 마음가짐으로 노동에 임해야 하는지, 그리고 우리 사회에서 노동자들에 대한 인식을 어떻게 개선해야 하는지 생각해 보는 시간을 가졌다. 학생들 스스로 노동자의 역할과 기업가의 역할을 모두 수행할 수 있기 때문에 사회 구성원으로서 함께 경제활동을 해 나가기 위한 합의점이 무엇인지 이야기를 나누었다.

그리고 근로계약서 속 용어를 찾아보고 임의의 상황을 설정하여 작성해 보았다. 학생들이나 교사가 근로계약서 작성이나 임금 협상, 근로조건 협상 등에 익숙하지 않은 것은 동등한 입장에서 기업가와 노동자가 협의하고 이를 통해 노동환경을 만들어가는 것을 연습해 보지 않았기 때문이다. 관련 문서를 접하고 시뮬레이션 해 본 경험은 실제 상황에서 분명 도움이 될 것이다.

> **수업 후기** ✎ 삶에서 시작해서 삶으로 스며드는 수업

정당한 근로조건과 근로계약서 작성 수업, 합리적인 노사관계를

위한 협상 수업 등의 노동인권수업을 하고 나면 아이들의 반응은 제각각이다. 교육과정과 연계된 내용이고, 평가에 반영되니까 그냥 배워 둔다는 시큰둥한 학생, 필요성은 아직 모르지만 재미있게 배워서 좋았다는 유쾌한 학생, 언젠가 써먹을 수 있게 기억하겠다는 친절한 학생, 지금이라도 알게 되어서 다행이며 내일이라도 써먹어야 하겠다는 절박한 학생 등. 수업이 얼마나 의미 있었는지, 교육적 효과가 얼마인지는 수업 시간에 나타나는 배움의 크기만으로 측정하기 어렵다. 경제주체인 노동자로서 얼마나 활용하고 새로운 노동환경을 만들어 내기 위해 애쓰는 사람이 되느냐로 수업의 효과를 판단할 수 있을 것이다. 그러므로 노동인권교육은 한 번의 수업으로 끝나는 것이 아니라 학생들의 삶으로 수업이 스며들기까지 시간이 필요하다.

근로조건과 근로계약서 작성 수업은 기초적인 내용을 학습한 후에 노동 관련 법들을 좀 더 꼼꼼하고 세세하게 다뤄 보거나 노동권 확장의 역사적 배경 속에서 이야기를 풀어 가는 식으로 확장해도 좋을 것이다. 실제 사례와 노동법을 연결하는 활동 등으로 학생들의 인지 내용을 확인하는 것이 필요했다. 최혜연 선생님의 카드게임을 활용하여 실생활의 내용과 노동법의 법규를 연결하는 것을 추가 활동으로 구성하여 좀 더 풍부한 수업을 진행하기도 했다.

학생들과 노동인권수업을 진행하면서 학생들이 처한 노동현장의 다양한 상황을 올바르게 이해하기 어렵지 않은지, 학교라는 공간에 갇혀 사회의 다양한 노동 현상들을 타자의 시선으로 보고 있는 것은 아닌지, 미래에 발생하는 직업과 노동의 급격한 변화를 예측하지 못하고 근시안적인 시각으로 수업을 구성하고 진행하는 것은 아닌지 등 여러 고민을 하게 된다. 무엇보다 노동인권이 제대로 지켜지지 않는 사회 모습을 학생들과 나눠야 하는 어른으로서 부끄러운 생각이 들 때가 있다. 그럼에도 학생과 교사가 더불어 노동인권을 배워 가면 언젠가 학생들이 삶에서 내용들을 활용하는 순간들이 올 것이라고 여기고 다시 수업 준비를 한다.